サクッとうかる

社会福祉法人経営実務検定試験
（厚生労働省後援）

経営管理
財務管理編

公式 テキスト&トレーニング

ネットスクール社会福祉法人経営教育研究会

ネットスクール出版

はじめに

～社会福祉法人経営実務検定試験を目指される皆様へ～

　社会福祉法人における会計処理や経営管理を学習範囲とするこの試験は、「社会福祉会計簿記認定試験」として17年間の長きにわたり実施されてきましたが、2022年度に新試験制度を導入し、名称も『社会福祉法人経営実務検定試験』と改められ、その内容の社会的重要性から、厚生労働省の後援を得るに至りました。また、新試験制度導入において、試験の出題内容も大幅に見直しが行われました。

　特に注目すべき点は「ガバナンス」に関する内容が試験範囲として加わったことです。

　平成28年度の社会福祉法の大改正により、社会福祉法人においてより一層のコンプライアンス（法令遵守）・ガバナンス強化が求められるようになったことが、この試験制度改革の背景にあると言えます。

　社会福祉法人経営実務検定試験の経営管理科目は、ガバナンスに関する問題と財務管理に関する問題で構成されていますが、本書籍は「**社会福祉法人経営実務検定試験　財務管理編**」として、財務管理部分にのみ対応する教材です。経営管理を受験される皆様におかれましては、別途「**社会福祉法人経営実務検定試験　ガバナンス編**」もお買い求めいただき、併せて学習することが必要です。

　最後になりましたが、本書籍の刊行にあたり多大なるご協力を賜りました皆様に、心より感謝申し上げます。

ネットスクール　社会福祉法人経営教育研究会

神﨑　里佐

佐々木 直行

社会福祉法人経営実務マイスター制度

　2022年度から、新しい試験制度でスタートする「社会福祉法人経営実務検定試験」（旧 社会福祉会計簿記認定試験）では、「**会計1級**」と「**経営管理**」の2科目に合格すると「**社会福祉法人経営実務マイスター**」の称号が付与されます。

　これから経営管理の受験を目指し学習を始める皆様は、社会福祉法人経営実務マイスターまであともう一歩のところまで来ています。

　本書で学習された皆様が社会福祉法人経営実務マイスターとなり、これからの社会福祉法人の発展を担っていただけたら光栄です。

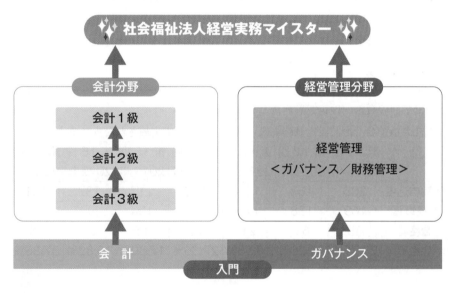

マイスターまであともう一歩！

頑張ります！！

社会福祉法人経営実務検定試験 経営管理のプロフィール

社会福祉法人経営実務検定試験 経営管理とは

　社会福祉法人経営実務検定試験とは、社会福祉法人会計に携わる人々が、業務に必要な知識を学ぶことができる認定試験です。社会福祉法人会計は企業会計とは大きく異なる会計のため、その特殊性に配慮した勉強が必要となります。

　経営管理の受験対象者は、「役員あるいは統括会計責任者、社会福祉法人経営の中核を担う方」となっています。

　なお、2021年12月までに17回実施されていた社会福祉会計簿記認定試験上級財務管理の名称が、2022年より社会福祉法人経営実務検定試験　経営管理に変更され、新たに「ガバナンス」に関する問題も出題されることとなりました。

過去の合格率

　過去7回の合格率は、27％前後となっています。

　※社会福祉会計簿記認定試験上級　財務管理として実施されたものです。

	第11回	第12回	第13回	第14回	第15回	第16回	第17回
	2015年	2016年	2017年	2018年	2019年	2020年	2021年
受験申込者	205	163	138	122	117	137	131
実受験者	169	138	113	106	104	111	103
合格者	35	61	21	29	18	22	39
合格率	20.71%	44.20%	18.58%	27.36%	17.30%	19.82%	37.86%

受験資格・試験日など

受験資格：男女の別、年齢、学歴、国籍等の制限なく誰でも受けられる。

試験日：年間1回／12月実施

試験時間：13時30分から15時00分の90分

大問数：4問（うちガバナンスに関する問題2問、財務管理に関する問題2問）

受験料：9,900円（税込）

合格基準：100点を満点とし、70点以上。

　　　　　ただし、大問のうち1つでも0点がある場合は不合格となる。

出題範囲：新試験制度の導入により、出題範囲は一般財団法人総合福祉研究会の

　　　　　ホームページをご確認ください。

　　　　　【URL　https://www.sofukuken.gr.jp/】

本書の使い方

内容理解はこの１冊でOK！

図表やイラストを使って、読みやすくしました。

また、『Point』で、学習の要点が一目でわかるようになっています。

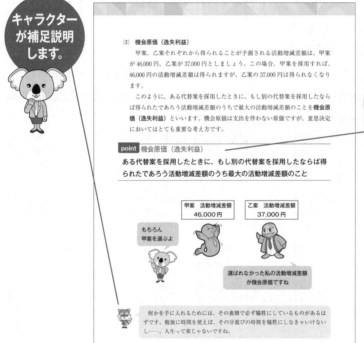

カバー裏もチェック！

本書のカバー裏には、財務分析における経営分析参考指標を掲載しています。取り外して机の前に貼るなど、学習にお役立てください。

※必要に応じてコピーなどをされることをお勧めします。

理解のためのツーステップ式

「初回のアウトプットはインプットの内」と言われています。

つまり、学習は、「アウトプット（確認テストを解くこと）をしないとインプット（知識習得）は完了しない」ということを意味しています。そこで、基本知識を学んだらすぐに確認テストを解きましょう。

$$\boxed{テキスト} \quad + \quad \boxed{確認テスト}$$

確認テストは、過去の試験で出題された問題が中心です。問題を解いたら必ず解説をお読み下さい。

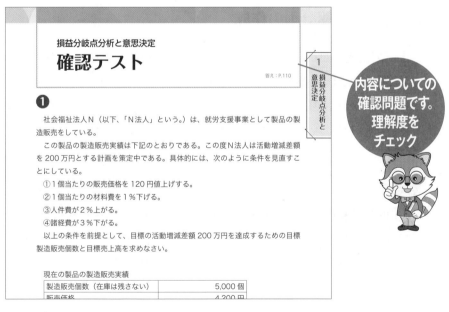

サンプル問題を使って実力を把握！

テキストと確認テストで学んだ知識を確認し、一通り学習が終わったら、サンプル問題に挑戦してみましょう。

CONTENTS

財務管理編で学習する内容は、社会福祉法人経営実務検定試験において、ハイレベルな内容です。

　覚えることも多くて大変だと思いますが、合格すれば「社会福祉法人経営実務マイスター」の称号に一歩近づきます。

　何度も復習を重ねながら、着実に理解していきましょう。

第1章

損益分岐点分析と意思決定

❶ 費用（原価）の分類
❷ 損益分岐点分析
❸ 意思決定会計

　新たな事業計画や、事業活動計算書における活動増減差額がマイナスとなっている事業の改善計画を考えるさいに行うのが、損益分岐点分析です。

　また、事業活動において、さまざまな問題に直面したときに、問題を解決するために代替案を列挙し、その中から最善の案を選択することを意思決定といいます。

　損益分岐点分析と意思決定は、社会福祉法人の経営を考える上でどちらもとても重要なため、理事長になったつもりで考えていきましょう！

1 費用（原価）の分類

費用（原価）の分類

　事業活動にかかった費用（原価）は、営業量（操業度）に比例して発生するかどうかにより、変動費と固定費に分けることができます。また、変動費と固定費の両方の性質をもつ費用は、**準変動費**と**準固定費**に分類することができます。

　　営業量（操業度）とは社会福祉法人の業務量のことです。
　　製造活動の面からみると製造個数などで表現でき、販売活動の面からみると、販売個数や事業収益で表現できます。

変動費と固定費

　例えば、アルバイトの給料は、操業度の労働時間に比例して発生するので、変動費に分類されます。

　一方、建物の減価償却費は操業度に関係なく、1年分は1年分として固定的に発生します。したがって、建物の減価償却費は固定費に分類されます。

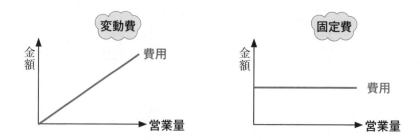

　　グラフにしてみると、変動費は右肩上がり、固定費は水平です。

準変動費と準固定費

費用の中には、固定費の部分と変動費の部分からなる費用があります。

例えば、電気代は基本料金として一定額が固定的に発生し、そして電気の使用量に応じて変動的に費用が発生します。このような費用を**準変動費**といいます。

一方、費用の中には、ある範囲内の操業度の変化では固定的ですが、ある操業度を超えると急増し、また固定的になるものがあります。

例えば、100 個のケーキを作るまでは 1 人の職人で足りるけど、それを超えると職人の人数を増やす必要があるという場合、月給制では、ケーキを 100 個作るまでは 1 人分で一定ですが、それを超えると 2 人分の給料がかかります。このような費用を**準固定費**といいます。

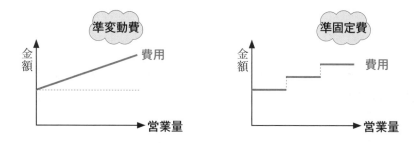

　　階段状の形で発生する原価が準固定費です。これらの費用も変動部分と固定部分に分けます。

2 損益分岐点分析

損益分岐点分析の目的

損益分岐点分析は、さまざまな状況を想定して活動増減差額の計算を行い、**営業量（操業度）の変化が活動増減差額（利益）に与える影響**がどの程度であるか、といった情報を経営者に提供します。

ここで行う活動増減差額の計算は、収益から変動費を差し引き、そこからさらに固定費を差し引いて活動増減差額を求めます。

費用と営業量と活動増減差額の関係を分析し、その中心となるのが、損益分岐点です。

損益分岐点分析は、事業の改善計画や新たな事業計画などに使用され、さまざまな状況を想定して行われるシミュレーションです。

損益分岐点

収益から変動費のみを差し引いて計算されるのが**限界活動増減差額**（一般の企業会計では限界利益または貢献利益）です。限界活動増減差額は収益の増減に比例して発生額が増減します。

その限界活動増減差額から固定費を差し引いて、プラスとなった場合は黒字となり、マイナスとなった場合は赤字となります。

損益分岐点とは、この活動増減差額がプラスでもマイナスでもない、ちょうど0になるところをいいます。

損益分岐点は、赤字にならないための最低限の目標ですね。
また、英語では Break-Even Point といわれ、BEP と略されます。

例題　損益分岐点

　社会福祉法人Ｎでは、就労支援事業において、バッグの製造販売をおこなっており、販売価格等は次のとおりです。

バッグ1個当たりの販売価格	1,500 円
バッグ1個当たりの材料費	500 円
人件費（月給150,000円）×4人	600,000 円
その他の諸費用（減価償却費など）	100,000 円

(1)　バッグ1個当たりの変動費を答えなさい。

(2)　固定費を答えなさい。

(3)　バッグ1個当たりの限界活動増減差額を答えなさい。

(4)　損益分岐点における販売数量を答えなさい。

(1)　**バッグ1個当たりの変動費**

　材料費の500円が変動費となる。

(2)　**固定費**

　固定費は販売数量に関係なくかかる費用のため、人件費とその他の諸費用となる。

　固定費：600,000 円 + 100,000 円 = 700,000 円

(3)　**バッグ1個当たりの限界活動増減差額**

　1,500 円 − 500 円 = 1,000 円

(4)　**損益分岐点における販売数量**

　固定費700,000円を1個当たりの限界活動増減差額の1,000円で割り、固定費を回収できる販売数量を計算します。

　700,000 円 ÷ 1,000 円 = 700 個

損益分岐点比率

　例題の就労支援事業の損益分岐点分析を以下の図に表すことができます。

　また、実際の販売数量（収益）に対して、損益分岐点の販売数量（収益）が何％になるのかを表す比率を**損益分岐点比率**といいます。

　例えば、実際の販売数量が 1,000 個の場合は、損益分岐点の 700 個を実際の販売数量 1,000 個で割ると、70％ となります。これは、販売数量が 70％（700 個）まで減少しても、赤字にはならないことを示しています。

　一方、実際の販売数量が 400 個の場合は、損益分岐点の 700 個を実際の販売数量 400 個で割ると、175％ となります。これは、販売数量を 175％ まで増加させないと、赤字から抜け出せないことを示しています。

　損益分岐点比率とは、**比率が小さいければ小さいほど、経営の安全性が高い**ことを表しています。

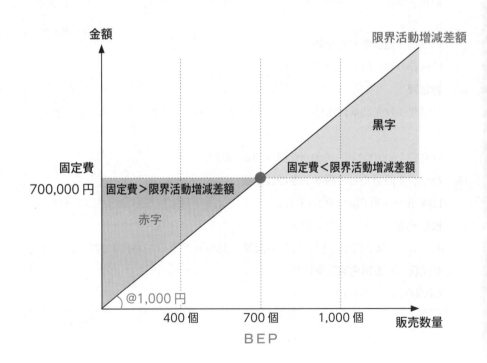

point

損益分岐点比率　＝　損益分岐点収益　÷　実際収益　×　100％

70％　⇒　実際収益が 70％まで減少すると損益分岐点となる

175％⇒　実際収益が 175％まで増加すると損益分岐点となる

比率が小さい方が、経営の安全性が高い

経営改善への適用

損益分岐点を使った経営改善の方法のうちのいくつかをみていきましょう。

⑴　**限界活動増減差額率を上げる**

　　収益に対する限界活動増減差額の割合を**限界活動増減差額率**といい、例題の数値で考えると、1,000 円（1 個当たりの限界活動増減差額）÷ 1,500 円（販売価格）≒ 66％になります。限界活動増減差額率は、下記の図における右上がりの線の傾きであり、これを上げることは、傾きがより急になることを意味します。

　　その結果、より少ない販売数で損益分岐点に到達できるので、経営の安全性が高まります。なお、限界活動増減差額率を上げるには、変動費を減らして分子である限界活動増減差額を上げるか、販売価格を上げる必要があります。

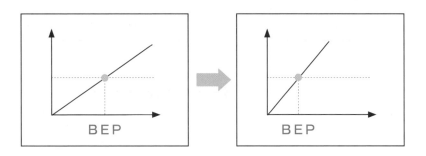

⑵　販売数量を増やす

　　下記の図のように、販売数量を増やすことで活動増減差額を増やすことがで
きます。

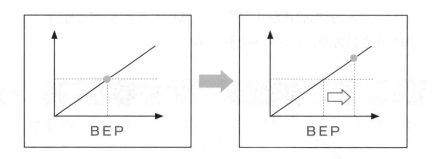

⑶　固定費を削減する

　　下記の図のように、固定費を削減することで、損益分岐点を下げることがで
きます。また、同時に活動増減差額を増加させることにもなります。

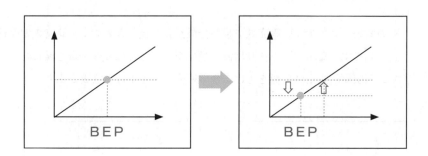

⑷　その他の有効な投資によって、販売数量の増加などを図る

　　例えば、広告宣伝を多く行うことで、広告宣伝にかかる固定費は増加しても、
販売数量の大きな増加を見込める場合、活動増減差額を増加させることができ
ます。

事業計画への応用

事業計画の立案に損益分岐点の考え方を使っていきましょう。

ここで、とても重要なことは、損益分岐点を把握したうえで、活動増減差額を結果として考えるのではなく、活動増減差額を獲得すべき目標として捉えていくことです。

つまり、事業活動計算書を下から考えていく必要があります。

⑴ **収益獲得型の考え方**

まず、①目標とする活動増減差額を決めてから、次に②必要な費用を計算することで、③収益として必要な額を算出します。

　必要収益（売上）　＝　目標活動増減差額（利益）　＋　必要費用
　　　③　　　　　　　　　　　　①　　　　　　　　　　②

⑵ **費用抑制型の考え方**

まず、①収益として実現可能な額を決めてから、次に②目標活動増減差額を決定することで、③費用をどこまでに抑えるべきかを計算します。

　許容費用　＝　実現可能収益（売上）　－　目標活動増減差額（利益）
　　③　　　　　　　①　　　　　　　　　　　　②

どちらの考え方にも、前提として目標活動増減差額が先に決まっていることがポイントになります。

9

3 意思決定会計

意思決定とは

社会福祉法人は日々の事業活動において、さまざまな問題に直面します。

例えば「コピー機を購入するかリースするか」や、「配食サービスの配達を外部に委託するかどうか」といった問題です。

このような問題を解決するために**代替案**（だいたいあん）を列挙し、その中から最善の案を選択し、採用することを**意思決定**（いしけってい）といいます。

また、このような意思決定に役立つ情報の提供を目的とする会計を**意思決定会計**といいます。

point 意思決定

事業上の問題を解決するために代替案を列挙し、その中から最善の案を選択し、採用すること

意思決定の原価概念

　意思決定に関わる問題は、いずれも「将来どうしたらよいか」というものなので、意思決定会計では、⑴**差額原価**と**埋没原価**、⑵**機会原価**（**逸失利益**）といった原価概念を用います。

⑴　差額原価と埋没原価

　例えば、配食サービスを提供する場合、食材の調達から調理までは自分たちで行い、配達については外部に委託することが決まり、A社にするか、B社にするかを検討していたとします。

　A社が月額455,000円に対し、B社は月額440,000円の委託費用がかかる場合、両案の費用の差額15,000円が生じます。この差額を**差額原価**といいます。

　これに対して、食材の調達から調理までを自分たちで行うのであれば、それらのコストには差額が生じません。このA社とB社のどちらを選択しても変わらない原価を**埋没原価**といいます。埋没原価は意思決定に影響を与えないので、無視することもできます。

A社
455,000円

B社
440,000円

A社のほうが
15,000円多いね

この差額 15,000 円を
差額原価っていうんだよ

(2) 機会原価（逸失利益）

　甲案、乙案それぞれから得られることが予測される活動増減差額は、甲案が 46,000 円、乙案が 37,000 円としましょう。この場合、甲案を採用すれば、46,000 円の活動増減差額は得られますが、乙案の 37,000 円は得られなくなります。

　このように、ある代替案を採用したときに、もし別の代替案を採用したならば得られたであろう活動増減差額のうちで最大の活動増減差額のことを**機会原価（逸失利益）**といいます。機会原価は支出を伴わない原価ですが、意思決定においてはとても重要な考え方です。

point 機会原価（逸失利益）

ある代替案を採用したときに、もし別の代替案を採用したならば得られたであろう活動増減差額のうち最大の活動増減差額のこと

甲案　活動増減差額
46,000 円

乙案　活動増減差額
37,000 円

もちろん
甲案を選ぶよ

選ばれなかった私の活動増減差額
が機会原価ですね

　何かを手に入れるためには、その裏側で必ず犠牲にしているものがあるはずです。勉強に時間を使えば、その分遊びの時間を犠牲にしなきゃいけないし……。人生って楽じゃないですね。

例 題　意思決定の原価概念

　次の資料に基づき、(1)差額原価、(2)埋没原価、(3)甲案を採用した場合の機会原価はそれぞれいくらになるかを計算して金額を答えなさい。

　社会福祉法人Nは、就労支援事業において、クリスマスケーキの製造・販売をしており、甲案と乙案を検討している。甲案、乙案の内容は次のとおりである。

	甲案	乙案
売上	250,000 円	180,000 円
製造原価		
直接材料費	90,000 円	35,000 円
直接労務費	62,000 円	58,000 円
変動製造間接費	12,000 円	10,000 円
固定製造間接費	40,000 円	40,000 円
採用した場合の活動増減差額	46,000 円	37,000 円

(1)	差額原価	61,000 円
(2)	埋没原価	40,000 円
(3)	甲案を採用した場合の機会原価	37,000 円

●差額原価と埋没原価

	甲案	乙案	差額原価
製造原価			甲案と乙案の差額
直 接 材 料 費	90,000 円	35,000 円	55,000 円
直 接 労 務 費	62,000 円	58,000 円	4,000 円
変動製造間接費	12,000 円	10,000 円	2,000 円
固定製造間接費	40,000 円	40,000 円	一円

これらの差額が
差額原価です

40,000 円が埋没原価です

例 題　意思決定の具体的な計算

(1)　社会福祉法人Eは、この度、厨房に設置する調理機器について、購入すべき
か、リースにするべきか、レンタルにするべきか検討している。使用期間を1
年間、3年間、6年間とした場合にいずれの方法が有利か、以下の収支表を参
考に、解答用紙の解答例に倣っていずれの方法が有利か解答しなさい。なお、
時間価値は考慮しなくてよい。

①購入の場合：1台450万円、保守料は2年目から出張料込みで年額45万円、
　減価償却方法は定額法（耐用年数6年、残存価額0）、見積処分価額は1年
　後225万円、3年後75万円、6年後15万円の見込みである。

②リースの場合：月額リース料は保守料込みで月額10.5万円、リース期間は
　5年、途中解約の場合は未経過リース料を全額支払う必要があるが所有権は
　移転しない。リース期間の5年経過後、再リース料は年額45万円発生する。

③レンタルの場合：月額レンタル料は保守料込みで10万円である。

		1年間	3年間	6年間
購入	購入価額	450	450	450
	保守料	0		225
	売却	△225		△15
	計	225		660
リース	リース料	126		
	未経過リース料	504		
	計	630		
レンタル	レンタル料			
	計			

＜解答用紙＞

解答例	×年間の場合	購入	の合計が	225	万円と最も有利である。
1	1年間の場合		の合計が		万円と最も有利である
2	3年間の場合		の合計が		万円と最も有利である
3	6年間の場合		の合計が		万円と最も有利である

＜解答＞

解答例	×年間の場合	購入	の合計が	225	万円と最も有利である。
1	1年間の場合	レンタル	の合計が	120	万円と最も有利である
2	3年間の場合	レンタル	の合計が	360	万円と最も有利である
3	6年間の場合	購入	の合計が	660	万円と最も有利である

		1年間	3年間	6年間
購入	購入価額	450	450	450
	保守料	0	90 [※1]	225 [※2]
	売却	△225	△75	△15
	計	225	465	660
リース	リース料	126	378	675 [※3]
	未経過リース料	504	252	0
	計	630	630	675
レンタル	レンタル料	120	360	720
	計	120	360	720

※1：保守料は2年目から発生するため、45万円×2年間＝90万円

※2：保守料は2年目から発生するため、45万円×5年間＝225万円

※3：5年間のリース料総額と再リース料の合計額となるため、

　　　10.5万円×12ヶ月×5年間＋45万円＝675万円

貨幣の時間価値の考慮

　これまでは主に短期間の意思決定をみてきましたが、例えば土地を10年間貸与する計画など、意思決定が長期に影響する事案も数多くあります。その場合に、考慮しなくてはならないものとして、**貨幣の時間価値**があります。貨幣は時の経過に伴って価値が変動するという性質があり、例えば、今持っている100万円を年利10%で銀行に預けたら1年後には110万円となり、利息10万円分だけ価値が増えたことになります。この価値の増加分を貨幣の時間価値といいます。

　なお、貨幣の時間価値を考慮するときは複利を前提とします。複利とは、利息に利息が付く計算であり、前述の例で110万円になった預金であれば、さらにもう1年経過すると、110万円に10%の利息11万円がついて、2年後には121万円になると考えます。

　今から1年後に100万円を受け取るとしたら、その100万円は1年分の利息がついた後の100万円って考えるんです。同じ100万円でも、今の100万円と1年後の100万円では貨幣としての価値が違うんですね。

現在価値と割引計算

　貨幣の時間価値を考慮すると、1年後の100万円は、現在の価値にすると100万円ではないということになります。そのため、将来の貨幣の金額を現在の貨幣価値になおす必要があり、その計算方法として、**割引計算**を用います。

　現在の貨幣の金額をP、n年後の貨幣の金額をF、利率（割引率）をrとすると、Pは次のいずれかの式で計算されます。

$$P = F \div (1+r)^n$$
$$P = F \times \frac{1}{(1+r)^n}$$

　割引計算の計算式の $\dfrac{1}{(1+r)^n}$ は、将来の貨幣の金額を現在の貨幣価値に直すための係数なので、**現価係数**といいます。

16

例 題　**割引計算**

　1 年後に受け取る 200 万円、2 年後に受け取る 100 万円を、一括して現在時点で受け取るとしたらいくらになるかを計算しなさい。なお割引率は年 10％とし、計算上生じる端数は、最終の解答数値について円位未満を四捨五入しなさい。

解答	2,644,628 円

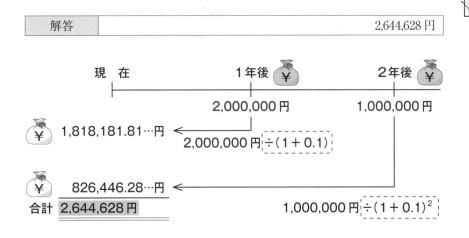

現価係数表

割引率に応じた現価係数を一覧にした**現価係数表**があり、問題文で与えられることがあります。その場合は、現価係数表を使用して解答します。

現価係数表

n＼r	9%	10%	11%
1	0.9174	0.9091	0.9009
2	0.8417	0.8264	0.8116
3	0.7722	0.7513	0.7312

前ページの例題の現在価値を上記の現価係数表を使って計算すると次のようになります。

1年後の 2,000,000 円　　2,000,000 円 × 0.9091 ＝　1,818,200 円
2年後の 1,000,000 円　　1,000,000 円 × 0.8264 ＝　　826,400 円
　　　　　　　　　　　　　　　　　　　　　　　　　2,644,600 円

現価係数表を用いた場合と割引率を用いた場合とでは端数処理の影響で結果が異なることになります。

確認テスト

答え：P.110

❶

社会福祉法人Ｎ（以下、「Ｎ法人」という。）は、就労支援事業として製品の製造販売をしている。

この製品の製造販売実績は下記のとおりである。この度Ｎ法人は活動増減差額を200万円とする計画を策定中である。具体的には、次のように条件を見直すことにしている。

①１個当たりの販売価格を120円値上げする。

②１個当たりの材料費を１％下げる。

③人件費が２％上がる。

④諸経費が３％下がる。

以上の条件を前提として、目標の活動増減差額200万円を達成するための目標製造販売個数と目標売上高を求めなさい。

現在の製品の製造販売実績

製造販売個数（在庫は残さない）	5,000個
販売価格	4,200円
製造販売収益	21,000,000円
材料費（変動費）	12,000,000円
人件費（固定費）	7,500,000円
諸経費（固定費）	1,200,000円
活動増減差額	300,000円

答案用紙

目標製造販売個数		個
目標売上高		円

❷

（1）社会福祉法人Eでは、就労支援事業として魚の加工・販売をしている。現状は、下記の資料のとおり、魚を赤身の部位とその他の部位（内臓等）に分けて加工販売している。

ア．魚一匹の原価は 3,000 円である。

イ．魚一匹からは、平均して赤身の部位 1 kg、その他の部位 1 kg が調理される。

ウ．赤身の部位に対応する原価配分額は 80%、その他の部位に対応する原価配分額は 20% とする。

エ．販売単価は、赤身の部位 4,000 円 / 1 kg、その他の部位 1,000 円 / 1 kg である。

現在の損益状況では、利用者に十分な工賃を支払うことができないので、生で販売しているその他の部位を調理・加工して惣菜として販売することを検討した結果、下記のことが明らかとなった。

オ．1 kg のその他の部位から A 商品 10 パック、B 商品 10 パック、C 商品 10 パックの合計 30 パックの惣菜を製造することができる。

カ．売価はすべての商品が 1 パック当たり 500 円である。

キ．追加的な製造費用として、その他の部位 1 kg を加工するための変動費（加工費）が 9,000 円必要となる。

ク．惣菜を製造する作業時間は、どの商品も 1 パック当たり 3 分間であり、そのために新たにパート職員 1 名の採用が必要となる。なお、パート職員 1 人当たりの賃率は 1 時間当たり 840 円である。

＜1＞惣菜に加工する場合と生のまま販売する場合について、魚一匹当たりどちらの方法がどれだけ有利になるかを判断するために下記の表の空欄に適切な金額を記入しなさい。

（単位：円）

差額概念による確認	惣菜に加工	生のまま販売	差額
売上高（その他の部位）	①	1,000	④
原価配分額	600	600	0
追加加工費・人件費	②	0	②
損益	③	400	⑤

すなわち

差額収益	④
差額原価	⑥
差額利益（活動増減差額）	⑤

＜2＞惣菜に加工した場合、現状の生のまま販売する場合に比べて、魚一匹当たりどれだけ有利になるか、機会原価の考え方を用いて下記の表を完成させなさい。

就労支援事業収益	⑦
就労支援事業販売原価	
機会原価	⑧
追加加工費等	⑨
活動増減差額	⑩

（2）次の各文章の空欄に適切な語句を入れて文章を完成させなさい。

① 意思決定の結果により変化する原価を（　ア　）といい、変化しない原価を
（　イ　）という。

② さまざまなオプション（選択権）の中から１つを採用した場合、選択しなかっ
た選択肢から得られるはずの最大の利益で測定した原価を（　ウ　）という。

答案用紙

（１）＜１＞

①		②	
③		④	
⑤		⑥	

＜２＞

⑦		⑧	
⑨		⑩	

（２）

（ア）		（イ）	
（ウ）			

第2章

中長期計画の作成

① 減価償却
② 基本金と国庫補助金等特別積立金
③ 施設整備計画
④ 事業計画

　施設整備計画などの中長期計画においては、まず、減価償却費の計上と国庫補助金等特別積立金の取り崩しについて、しっかりと理解しておきましょう。

　次に、中長期計画の全体を俯瞰しながら、必要な資金を算定し、その資金を確保するために短期的資金計画へと進めていきます。

　最後に、短期資金計画から短期的な事業計画へと落とし込んでいきます。

1 減価償却

減価償却とは？

例えば20万円で購入したパソコン（固定資産）は、購入時には20万円の価値がありますが、使用や時の経過により、価値が下がっていきます。

建物や車が老朽化することをイメージしましょう。

そのため、「**使用や時の経過により、価値が下がっていく固定資産**」に対して、その価値の減少分を**費用として計上**します。

この「**価値の減少分を費用として計上する手続き**」を減価償却といいます。

| 購入時 | 5年後 | 10年後 |

固定資産のなかでも、「土地」は使用しても価値が下がらないので、減価償却は行いません。

---

point

減価償却 … 固定資産の価値の減少分を費用として計上（償却）する手続き

減価償却のポイント

減価償却に係る要素は次のとおりです。

取得原価：固定資産の**取得にかかった金額**であり、減価償却を行うベースになります。

耐用年数：固定資産の**使用可能期間**のことです。

残存価額：減価償却をすべて行った後の、固定資産の**処分価値**のことです。

要償却額：取得原価から残存価額を差し引いた、**耐用年数期間に減価償却すべき金額**のことです。

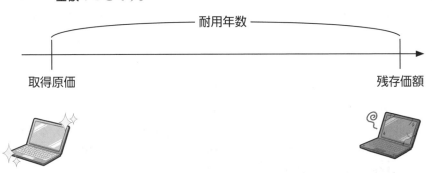

 残存価額の「あり」、「なし」をしっかり確認しましょう。

減価償却の方法

減価償却の方法には、定額法や定率法などがありますが、ここでは、定額法を説明します。**定額法**とは、会計期間ごとの減価償却費が同額になる方法です。減価償却を行ったときは、「**減価償却費（費用）**」で処理します。

超 重要

減価償却費 ＝ 要償却額 × 償却率

減価償却の効果

減価償却には、以下の３つの効果があります。

(1) 費用配分

固定資産の取得にかかった支出を使用する各会計期間の費用として計上することです。例えば耐用年数４年のパソコンを20万円で購入したとき、４年間にわたって毎年５万円を減価償却費として費用を計上していきます。

では、そもそも減価償却をなぜ行うのかを考えてみましょう。減価償却は、毎期、固定資産の価値が減少するという意味で実態に即した会計処理であり、期間損益を正しくするという意味で、会計上、必要とされています。

＜減価償却を行わなかった場合（事務消耗品費として処理）＞

○○事業収益が毎期100万円あったとします。

	×１年度	×２年度	×３年度	×４年度
○○事業収益（収益）	100	100	100	100
事務消耗品費（費用）	△20			
当期活動増減差額	80	100	100	100

パソコンの取得原価20万円は、使用することで４年間○○事業収益の獲得に貢献する費用です。しかし、×１年度に20万円全額が費用化されてしまうと、収益と費用の期間が対応しなくなってしまいます。そのため、この期間損益計算を正しくするために、毎年、減価償却を行います。

＜減価償却を行った場合＞

○○事業収益が毎期100万円あったとします。

	×１年度	×２年度	×３年度	×４年度
○○事業収益（収益）	100	100	100	100
減価償却費（費用）	△5	△5	△5	△5
当期活動増減差額	95	95	95	95

(2) 資産評価

　B／Sに計上される固定資産の金額を、時の経過によって減価した資産の評価額とします。つまりパソコンが1年後には、15万円とB／Sに表示されることで、資産を正しく評価します。

(3) 自己金融

　減価償却費は費用として計上されますが、減価償却費に対しては支払資金が減少することはありません。つまり、現金支出を伴わない費用（非現金支出費用）であり、資金収支計算書には計上されません。そのため、減価償却を費用計上した場合、当期活動増減差額がマイナスでなければ、減価償却費相当分だけ毎期資金が貯えられます。逆をいうと、当期活動増減差額がマイナスのときは、減価償却費相当分だけ毎期資金に貯えられないことになります。

ここで期首に20万円のパソコンを現金で購入し、4年間（毎期5万円）で減価償却をした場合のB／Sをみてみましょう。なお、毎期現金による収益が5万円あったとします。

＜取得時＞

取得前のB／S

流動資産 200	流動負債 100
	固定負債 200
固定資産 300	純資産 200

流動資産が20減少
固定資産が20増加
→

取得後のB／S

流動資産 180	流動負債 100
	固定負債 200
固定資産 320	純資産 200

＜1年目＞

P／L

減価償却費	5	収益	5

流動資産が5増加
固定資産が5減少
→

期末B／S

流動資産 185	流動負債 100
	固定負債 200
固定資産 315	純資産 200

B／Sは貸借対照表、P／Lは事業活動計算書のことでしたね。

＜2年目＞

P／L

減価償却費	5	収益	5

期末B／S

流動資産 190	流動負債 100
固定資産 310	固定負債 200
	純資産 200

流動資産が5増加
固定資産が5減少

＜3年目＞

P／L

減価償却費	5	収益	5

期末B／S

流動資産 195	流動負債 100
固定資産 305	固定負債 200
	純資産 200

流動資産が5増加
固定資産が5減少

＜4年目＞

P／L

減価償却費	5	収益	5

期末B／S

流動資産 200	流動負債 100
固定資産 300	固定負債 200
	純資産 200

流動資産が5増加
固定資産が5減少

償却を終えたとき、
取得時に比べパソコン
20万円分の流動資産が
貯えられている

2

中長期計画の作成

毎期現金による収益がなかった場合
減価償却費の計上を通じて、純資産が減少していきます。

＜取得時＞

取得前のＢ／Ｓ

流動資産 200	流動負債 100
	固定負債 200
固定資産 300	純資産 200

流動資産が20減少
固定資産が20増加
→

取得後のＢ／Ｓ

流動資産 180	流動負債 100
	固定負債 200
固定資産 320	純資産 200

＜1年目＞

Ｐ／Ｌ

| 減価償却費 | 5 | |

固定資産が5減少
純資産が5減少
→

期末Ｂ／Ｓ

流動資産 180	流動負債 100
	固定負債 200
固定資産 315	純資産 195

＜2年目＞

P／L

減価償却費　5

固定資産が5減少
純資産が5減少

期末B／S

流動資産 180	流動負債 100
固定資産 310	固定負債 200
	純資産 190

＜3年目＞

P／L

減価償却費　5

固定資産が5減少
純資産が5減少

期末B／S

流動資産 180	流動負債 100
固定資産 305	固定負債 200
	純資産 185

＜4年目＞

P／L

減価償却費　5

固定資産が5減少
純資産が5減少

期末B／S

流動資産 180	流動負債 100
固定資産 300	固定負債 200
	純資産 180

償却を終えたとき、
取得時に比べパソコン
20万円分の流動資産が
貯えられていない

2 基本金と 国庫補助金等特別積立金

基本金とは

基本金には、社会福祉法人が事業開始等にあたって財源として受け入れた寄附金の額を計上します。

基本金は、次の3つの種類に要約できます。

① 法人設立・施設の創設及び増築等の**基本財産等取得**のための寄附金

② ①の資産の取得等に係る**借入金返済に充てるもの**として指定された寄附金

③ 創設等のため**保持すべき運転資金**への寄附金

基本金の仕訳

受け取った寄附金の会計処理は、「**施設整備等寄附金収益**」で、いったん事業活動計算書の**収益**に計上し、その後、その金額を「**基本金組入額**」として**費用**に計上するとともに、純資産の基本金とします。

基本金の取崩し

事業を開始するにあたって、基本財産等に組入れられた基本金を取崩すのは、事業を廃止し、建物などの基本財産等を処分することが決まった場合になります。しかし、社会福祉法人が事業を廃止することは、極めて稀なケースです。

国庫補助金等特別積立金とは

施設及び設備の整備のために**国、地方公共団体等**からの**補助金、助成金、交付金等**を受けた際に、「**国庫補助金等特別積立金**」として**純資産の部**に計上します。

具体的には次の2つの場合があげられます。

①施設及び設備の整備のために受領した補助金等

固定資産以外のもの（10万円未満）についても、購入などにさいし補助金等を受け取った場合、国庫補助金等特別積立金として処理します。

②設備資金借入金の返済補助金等で実質的に施設等整備事業に対する補助金等に相当するもの

借入金の返済時に受ける補助金等については、補助金等を受け取る度に国庫補助金等特別積立金に積立てます。

設備の取得のさいに補助金を受け取った場合だけでなく、設備投資のために借入を行い、その返済のために補助金を受け取ることがあります。
つまり、先に受け取るか、後に受け取るかの違いに過ぎないことになります。

国庫補助金等特別積立金の仕訳

交付を受けた国庫補助金等の会計処理は、「**施設整備等補助金収益**」として、いったん事業活動計算書の**収益**に計上し、その後、同額を「**国庫補助金等特別積立金積立額**」として**費用**に計上します。

国庫補助金等特別積立金の取崩し

国庫補助金等特別積立金の積立ての処理は、基本金の組入れと勘定科目が異なるだけで、まったく同じですが、取崩しに関しては異なります。

基本金の取崩しは事業の廃止のときに行うのに対して、国庫補助金等特別積立金の取崩しは、決算にさいして行う減価償却費の計上に併せて行います。

基本金と国庫補助金等特別積立金の違い

基本金は、事業の廃止などによる基本財産等を処分するときに取り崩すものなので、取り崩すことは滅多にありません。これは、基本財産等の減価償却が終了したときには基本金と同額の買換え資金が貯えられ、事業が継続されることを前提としているためです。

一方、国庫補助金等特別積立金は、減価償却費を計上するときに同時に取り崩していきます。国庫補助金等は、事業の継続のためではなく、利用者の負担を軽減させるためのものだからです。具体的にみてみましょう。

＜国庫補助金等特別積立金を取り崩す意味＞

建物（取得価額2,000万円、耐用年数5年、定額法）を×1年度期首に取得し、そのさいに国からの補助金800万円を受けた。×1年度から×5年度の事業活動計算書はどうなるでしょう？

事業活動計算書

	×1年度	×2年度	×3年度	×4年度	×5年度
減価償却費（費用）	△400	△400	△400	△400	△400
施設整備等補助金収益（収益）	800				
国庫補助金等特別積立金積立額(費用)	△800				
国庫補助金等特別積立金取崩額(費用のマイナス)	160	160	160	160	160
当期活動増減差額	△240	△240	△240	△240	△240

国からの補助金が無かった場合、毎期、減価償却費が400万円計上されます。ここで重要なのは、この400万円の費用を回収するためには利用者から利用料をもらう必要があるため、それに合わせて利用料も引き上げなくてはなりません。

しかし、補助金がある場合は、国庫補助金等特別積立金取崩額160万円（＝800万円÷5年)が費用から控除され実質的な減価償却費の負担は240万円になります。補助金の分だけ、利用者への負担が軽減されていることがわかります。

このように、国庫補助金等は積立金を取り崩すことで減価償却費を軽減させ、利用者の負担を軽減させる効果があります。

　また、注意が必要なことがあります。国庫補助金等特別積立金は、減価償却費を軽減する効果がある分、減価償却の自己金融効果も軽減されるということです。

　例題にあるように、建物（取得価額 2,000 万円）に対して、800 万円の国からの補助金を受けた場合、償却終了時には、資金として貯えられているのは 2,000 万円ではなく、1,200 万円になります。

　施設の建て替えなどを計画するさいには、補助金をもらって建てたのかどうかと、建て替えの時に補助金がもらえるかどうかを考慮する必要があります。

3 施設整備計画

施設の建替計画の立案

　事業活動を継続していく上で、重要となるものに、事業の基盤となる建物などの施設が挙げられます。B／Sにおいて基本財産となる部分です。

　しかし、建物などは物質的に老朽化し、会計上でも価値が減少していきます。その耐用年数が10年なのか40年なのかは、構造や大きさなどによって異なりますが、必ず修繕や建て替えが必要となります。

　また、同じ事業を他の地域で展開しようとするときも、施設の建替計画と同様にしっかりとした計画が必要になります。

建替費用の算定

　建替計画を立案するさいに、まず建替費用の算定が必要となります。具体的には以下の点について、十分考慮して算定しましょう。

⑴　**建設費用の上昇**

　　40年前に5億円で建設した施設を建て替えるとき、物価水準の変動などの影響により同額で同等の施設を建て替えることは、とても難しいでしょう。社会福祉充実残額（第4章参照）を算定するさいに使用する建設工事費デフレーターにおいても長期的な視点でみると、建設費用は上昇傾向にあります。

⑵　**移転費用**

　　現在地とは違う場所に建設する場合は、完成後の移転に伴う費用負担の考慮も必要です。

⑶　**一時退去費用**

　　現在地の建物を取り壊して建て替える場合は、その間に別の場所で事業を継続するための手配が必要です。入所者の転居やサービスの維持を含めた費用も考慮しなければなりません。

⑷ **設備資金借入金による支払利息**

　自己資金または補助金を含めて資金が確保できる場合は不要ですが、足りない場合は、必要な資金とそれに応じた利息費用の考慮が必要です。

施設建替に必要な資金の確保

　建替費用の算定のあとは、その資金の確保が必要になります。

　ここでは、建て替え時に必要な資金が確保できるかを確認する方法として、以下の2つの方法をみていきます。

　1つ目は、今日までの実績を基に、建て替え時までの事業数値を見積もり、建て替えを計画する期に必要な資金が確保できるかを検討していく方法です。

＜イメージ＞

B／S	＋	P／L C／F	＋	P／L C／F	＋	P／L C／F	＝	B／S
当期		1年後		2年後		3年後以降		建替時

　2つ目は、建て替え時に必要な資金を確保したB／Sを見積もり、現在のB／Sと比較して、その差から今後どれだけの資金を調達する必要があるかを検討していく方法です。

B／S	－	B／S	＝	P／L C／F
建替時		当期		建替時までに必要

　それぞれを例題でみていきましょう。

例題　施設新築計画

社会福祉法人Nは、施設新築を計画しているが、現在のところ新築資金が確保されていない。令和3年3月31日の貸借対照表及び前提条件をもとに、6年後の令和9年3月31日に資金が確保されているかどうか、また、その時の次期繰越活動増減差額の金額を答えなさい。

なお建物を新築するのに 860,000 千円以上の資金が必要なものとする。

貸　借　対　照　表
令和3年3月31日現在　　　　　　　　　（単位：千円）

現　　金　　預　　金	260,800	1年以内返済予定設備資金借入金	20,000
そ の 他 の 流 動 資 産	115,000	そ の 他 の 流 動 負 債	30,000
土 地 （ 基 本 財 産 ）	300,000	設 備 資 金 借 入 金	80,000
建 物 （ 基 本 財 産 ）	188,000	そ の 他 の 固 定 負 債	100,000
土地（その他の固定資産）	300,000	基　　　　本　　　　金	1,100,000
施 設 設 備 整 備 積 立 資 産	400,000	施 設 設 備 整 備 積 立 金	400,000
そ の 他 の 固 定 資 産	285,000	次 期 繰 越 活 動 増 減 差 額	118,800
資 産 の 部 合 計	1,848,800	負債及び純資産の部合計	1,848,800

脚注：減価償却累計額　612,000 千円

＜前提条件＞

1. 新築建物については自己資金ですべて賄うこととする。また、建物建設に使用可能な自己資金は運転資金用の現金預金 50,000 千円以外の全ての現金預金及び積立資産とする。

2. 便宜上、既存の建物は耐用年数 40 年、残存価額を 10％として定額法にて償却（償却率 0.025）されているものとし、令和3年3月31日現在の既償却年数は 34 年であり、減価償却対象資産は、この建物のみとする。

3. 令和3年3月31日現在の設備資金借入金 100,000 千円は、平成 24 年4月1日に土地（その他の固定資産）新築建物用に購入した際に 280,000 千円を借り入れたもので、毎年3月末に 20,000 千円ずつ返済している。なお、設備資金借入金は償還前の残高に対して2％の借入金利息を償還金と共に支払っている。

4．便宜上、令和3年3月31日現在の貸借対照表の「その他の流動資産」「土地（基本財産）」「土地（その他の固定資産）」「その他の固定資産」「その他の流動負債」「その他の固定負債」は将来にわたって不変とする。

5．令和3年度（自令和3年4月1日　至令和4年3月31日）の当期活動増減差額は22,000千円、当期資金収支差額は40,000千円とし、上記の前提条件に関するもの以外は、それ以降のサービス活動増減差額及び事業活動資金収支差額は令和3年度と同額で推移するものと仮定する。また、サービス活動外取引、特別増減取引、施設整備等による収支及びその他の活動による収支については、上記以外の取引はないものとする。

＜解答＞ 確保される

次期繰越活動増減差額：256,800千円

6年間の当期活動増減差額と当期資金収支差額合計を計算します。

当期活動増減差額

	令和3年度	令和4年度	令和5年度	令和6年度	令和7年度	令和8年度	合計
当期活動増減差額	22,000	22,000	22,000	22,000	22,000	22,000	132,000
支払利息減額分		400	800	1,200	1,600	2,000	6,000
合計	22,000	22,400	22,800	23,200	23,600	24,000	138,000

支払利息は、令和3年度では2,000千円が費用として発生しますが、それ以降400千円ずつ減少していくため、それによって当期活動増減差額が400千円ずつ増加します。

次期繰越活動増減差額

118,800千円（令和2年度末）＋138,000千円（6年間合計）＝256,800千円

当期資金収支差額合計

当期資金収支差額合計

	令和3年度	令和4年度	令和5年度	令和6年度	令和7年度	令和8年度	合計
令和3年度ベース	40,000	40,000	40,000	40,000	40,000	40,000	240,000
支払利息減額分		400	800	1,200	1,600	2,000	6,000
設備資金借入金返済						20,000	20,000
合計	40,000	40,400	40,800	41,200	41,600	62,000	266,000

支払利息は、当期活動増減差額と同様に、支出が減少するため、事業活動資金収支差額が増加します。設備資金借入金は令和7年度に返済完了するため、令和8年度では、20,000千円の支出がなくなり、その分当期資金収支差額合計が増加します。

新築資金：

260,800千円（現金預金）＋ 400,000千円（施設設備整備積立資産）＋ 266,000千円（6年間の当期資金収支差額合計）－ 50,000千円（運転資金用の現金預金）＝ 876,800千円

876,800 ≧ 860,000 ∴確保される

例題　施設建替計画

　社会福祉法人Nは、20年後の施設建替を計画しているが、現在のところ建替資金が確保されていない。当期末の貸借対照表及び前提条件をもとに、20年後の貸借対照表を完成させるとともに、20年間に獲得すべき活動増減差額と事業活動資金収支差額の合計額と年平均額（千円未満端数四捨五入）を答えなさい。

　なお、建物を建て替えるには700,000千円の資金が必要なものとする。

貸 借 対 照 表

当期末 （単位：千円）

現　　金　　預　　金	150,000	短期運営資金借入金	20,000
その他の流動資産	5,000	その他の流動負債	30,000
土　　　　　　　地	300,000	その他の固定負債	70,000
建　　　　　　　物	500,000	基　　本　　金	900,000
その他の固定資産	185,000	次期繰越活動増減差額	120,000
資　産　の　部　合　計	1,140,000	負債及び純資産の部合計	1,140,000

＜前提条件＞

1．建替費用については自己資金ですべて賄うこととする。また、建て替えに使用可能な自己資金は現金預金のみとし、運転資金用の50,000千円は除くこととする。

2．建物は残存価額を0として、備忘価額は考慮しないこととする。また、20年後には短期運営資金借入金の返済は完了していることとする。

3．便宜上、当期末の貸借対照表の「その他の流動資産」「土地」「その他の固定資産」「その他の流動負債」「その他の固定負債」「基本金」は20年後も不変とする。

4．「その他の流動資産」「短期運営資金借入金」「その他の流動負債」はすべて資金概念に該当することとする。

＜解答＞

貸 借 対 照 表
20 年後
（単位：千円）

現　　金　　預　　金	750,000	短 期 運 営 資 金 借 入 金	0
そ の 他 の 流 動 資 産	5,000	そ の 他 の 流 動 負 債	30,000
土　　　　　　　　　地	300,000	そ の 他 の 固 定 負 債	70,000
建　　　　　　　　　物	0	基　　　本　　　金	900,000
そ の 他 の 固 定 資 産	185,000	次 期 繰 越 活 動 増 減 差 額	240,000
資　産　の　部　合　計	1,240,000	負債及び純資産の部合計	1,240,000

20 年間の活動増減差額合計：120,000 千円／年平均額：6,000 千円

20 年間の事業活動資金収支差額合計：620,000 千円／年平均額：31,000 千円

◇貸借対照表

現金預金：700,000（建替資金）＋ 50,000（運転資金）＝ 750,000 千円

次期繰越活動増減差額：

1,240,000（資産合計）－ 30,000（その他の流動負債）－ 70,000（その他の固定負債）

－ 900,000（基本金）＝ 240,000 千円

◇ 20 年間の活動増減差額合計

$$\underset{20年後}{240,000} - \underset{当期末}{120,000} = 120,000 \text{ 千円}$$

◇ 20 年間の事業活動資金収支差額合計

$$\underset{20年後の支払資金残高}{750,000 + 5,000 - 30,000} - \underset{当期末の支払資金残高}{150,000 + 5,000 - 20,000 - 30,000} = 620,000 \text{ 千円}$$

4 事業計画

計画の種類と期間

　一言に事業計画といっても、特別養護老人ホームにおける食事のメニュー改善計画などの身近で小さな計画から、施設の建替計画や新規事業計画などの大規模な計画まで、さまざまな種類とそれに対応した期間があります。

　例えば、施設であれは、将来的な建て替えを計画に盛り込んでいたとしても、それだけでなく、建て替えるまでの間に大規模修繕が必要となることがあります。この場合、施設の建替計画とともに、修繕計画も考慮しなければなりません。

　このように1つの計画に対して、複数の事象について考慮する必要があります。その場合は、それらの事象を別々に捉えるのではなく、各々の必要な資金と期間を整理した上で、全体を俯瞰して考える必要があります。

例題　事業計画全体の把握

　社会福祉法人Ｎは、10年後の施設建替を計画しているが、現在のところ建替資金が確保されていない。以下の前提条件をもとに、毎年必要となる資金の創出額を答えなさい。

＜前提条件＞

1．建替費用は 10,000 千円と算定された。
2．建て替え対象施設に対する設備資金借入金が 6,000 千円あり、残り6年で毎年 1,000 千円ずつ返済する。
3．3年後に老朽化による改修費用 1,500 千円が必要となる。

＜解答＞ 1,750 千円（17,500 千円 ÷ 10 年）

　10年間で創出すべき資金は、建て替えに必要な 10,000 千円と借入金の返済のための 6,000 千円、そして3年後に行う改修のための 1,500 千円ですから、合計 17,500 千円となります。

　17,500 千円の資金を 10 年間で創出しなければならないので、毎年 1,750 千円の資金を創出しなければなりません。

　このように全体として必要な資金を算出し、それを計画全体の期間に配分していくことで、次のように平準化することができます。

10 年間資金繰り　　　　　　　　（単位：千円）

	1年	2年	3年	4年	5年	6年	7年	8年	9年	10年
建替費用 10,000	1,000	1,000	1,000	1,000	1,000	1,000	1,000	1,000	1,000	1,000
設備資金借入金 6,000	600	600	600	600	600	600	600	600	600	600
改修費用 1,500	150	150	150	150	150	150	150	150	150	150
必要資金創出額	1,750	1,750	1,750	1,750	1,750	1,750	1,750	1,750	1,750	1,750
支出	1,000	1,000	2,500	1,000	1,000	1,000				10,000
資金残高	750	1,500	750	1,500	2,250	3,000	4,750	6,500	8,250	0

次に、３つの計画をそれぞれ別々に考えてみましょう。

10 年間資金繰り　　　　　　　　　　　　　　（単位：千円）

	1年	2年	3年	4年	5年	6年	7年	8年	9年	10年
建替費用 10,000	1,000	1,000	1,000	1,000	1,000	1,000	1,000	1,000	1,000	1,000
設備資金借入金 6,000	1,000	1,000	1,000	1,000	1,000	1,000				
改修費用 1,500	500	500	500							
資金創出額	2,500	2,500	2,500	2,000	2,000	2,000	1,000	1,000	1,000	1,000
支出	1,000	1,000	2,500	1,000	1,000	1,000				10,000
資金残高	1,500	3,000	3,000	4,000	5,000	6,000	7,000	8,000	9,000	0

別々に考えた場合、創出すべき資金は最初の３年間が 2,500 千円、その後の３年間が 2,000 千円、残りが 1,000 千円となります。各期間によって偏りがでてしまいます。

10 年間で毎年 1,750 千円の資金確保するのと、10 年間で資金確保の金額が３つに変化するのとでは、前者の方が容易に事業計画を立案することができます。

毎年行われる事業活動において、資金確保の目標金額が一定ではないことは、経営上において大きな負担となります。

そのため、事業計画の作成において、予見できることを一緒に全体として考慮していくことは、とても重要になります。

計画全体で必要な資金に対して、全体の期間で配分した場合、前半に多額の資金支出が発生すると途中で資金がショート（不足）する可能性もあるため、必ず資金繰り表を作成し、確認しましょう。

中長期の目標と短期資金計画からの計画作成

　中長期の事業計画に対する毎年の資金創出額を算定し、短期資金計画を完成させた後、翌事業年度における事業計画の作成へと進めていきます。

　翌事業年度において、目標とする活動増減差額と事業活動資金収支差額を達成するために、第1章で学習した損益分岐点分析や、意思決定を活用しながら具体的な計画を立案していきます。

　つまり、短期的な計画は中長期計画を達成させるためのものでなければならないのです。

中長期計画の作成
確認テスト

答え：P.113

❶ 社会福祉法人Ｔ（以下、「Ｔ法人」という。）は、令和13年度に施設の建替えを計画しており、その際に必要な自己資金 180,000 千円を確保しようとしている。Ｔ法人の令和3年3月31日現在の要約貸借対照表【資料1】及び前提条件【資料2】は下記のとおりである。
次の問いに答えなさい。

（1）【資料1】及び【資料2】から求められる次の（ア）〜（エ）の金額を答えなさい。

（ア）令和3年度〜12年度末までの10年間（以下、同じ）の当期活動増減差額の合計額

（イ）10年間の減価償却費の合計額と国庫補助金等特別積立金取崩額の合計額との差額

（ウ）10年間の設備資金借入金元金償還支出の合計額

（エ）10年間の固定資産取得支出の合計額

（2）【資料1】及び【資料2】にしたがって、Ｔ法人の令和13年3月31日現在の要約貸借対照表（一部記載済）を完成させなさい。また、10年間の施設設備整備積立金積立額の合計額を答えなさい。

（3）施設建替えに関連して、解答用紙に記載された文章の空欄に入る適切な言葉を記入しなさい。

【資料1】　　　　　　　Ｔ法人の要約貸借対照表
令和3年3月31日現在　　　　　（単位：千円）

現　　金　　預　　金	87,408	事　業　未　払　金	24,732
事　業　未　収　金	77,049	1年以内返済予定設備資金借入金	5,820
未　収　補　助　金	2,520	設　備　資　金　借　入　金	29,100
その他の流動資産	4,500	その他の固定負債	7,980
土地（基本財産）	85,705	基　　本　　金	88,705
建物（基本財産）	200,520	国庫補助金等特別積立金	120,312
車　輌　運　搬　具	3,150	施設設備整備積立金	35,400
施設設備整備積立資産	35,400	次期繰越活動増減差額	194,283
その他の固定資産	10,080		
資　産　の　部　合　計	506,332	負債及び純資産の部合計	506,332

【資料２】前提条件

①令和３年度以降のサービス活動収益は下記のとおり（単位：千円）であるとする。
またサービス活動収益対経常増減差額比率は 3.5％とする。

令和３年度	令和４年度	令和５年度	令和６年度	令和７年度	令和８年度以降
418,000	420,000	421,800	423,400	424,800	426,000

②令和３年度以降の特別増減の部の特別増減差額はないものとする。

③令和 12 年度末の現金預金は 93,600 千円とし、それを上回る資金収支差額は、施設設備整備積立資産として積み立てる。

④建物（基本財産）及び国庫補助金等特別積立金に関する資料は次のとおりである。なお、Ｔ法人の減価償却費の計算は定額法（残存価額 10％）を採用している。また、過年度の減価償却計算及び国庫補助金等特別積立金の取崩しは適正に処理されている。

取得年月	取得価額	取得時の国庫補助金	耐用年数（償却率）
平成５年４月	450,000 千円	270,000 千円	47 年（0.022）

（注）減価償却費の及び国庫補助金等特別積立金取崩額を計算する場合は、償却率を使用すること。

⑤車輌運搬具は、令和２年 10 月に 3,600 千円で取得し、事業の用に供したものである。また、Ｔ法人は、令和６年 10 月及び令和 10 年 10 月に車輌運搬具（それぞれの取得価額は 3,800 千円、4,000 千円）を取得する。本問では、残存価額０まで減価償却し、耐用年数経過後すぐに新しい車輌運搬具に買い替えをおこない、売却損益は生じないものとして解答すること。なお、減価償却費の計算はどの車輌運搬具も４年（償却率 0.250）の定額法を採用している。

⑥その他の流動資産、その他の固定資産及びその他の固定負債について、令和３年度以降の増減はないものとする。また、その他流動資産はすべて支払資金に該当するものであり、その他の固定資産はすべて非償却資産である。

⑦設備資金借入金の元金償還予定表は次のとおりである。（単位：千円）

償還年月	元金償還額	借入残高
令和3年3月	償還済	34,920
令和4年3月	5,820	29,100
令和5年3月	5,820	23,280
令和6年3月	5,820	17,460
令和7年3月	5,820	11,640
令和8年3月	5,820	5,820
令和9年3月	5,820	0

⑧T法人は施設設備整備積立金を計上する際、同額の施設設備整備積立資産を積み立てている。また、令和3年度以降に取崩す積立金はないものとする。

答案用紙

（1）

（ア）	千円
（イ）	千円
（ウ）	千円
（エ）	千円

（2）

【資料1】

T法人の要約貸借対照表

令和13年3月31日現在　　　　（単位：千円）

現　金　預　金	（　　　　　）	事　業　未　払　金	29,780
事　業　未　収　金	80,053	1年以内返済予定設備資金借入金	0
未　収　補　助　金	2,690	設　備　資　金　借　入　金	0
その他の流動資産	4,500	その他の固定負債	7,980
土地（基本財産）	85,705	基　　本　　金	88,705
建物（基本財産）	（　　　　　）	国庫補助金等特別積立金	（　　　　　）
車　輌　運　搬　具	（　　　　　）	施設設備整備積立金	（　　　　　）
施設設備整備積立資産	（　　　　　）	次期繰越活動増減差額	（　　　　　）
その他の固定資産	10,080		
資　産　の　部　合　計	（　　　　　）	負債及び純資産の部合計	（　　　　　）

10年間の支払資金残高の増加額	千円
10年間の施設設備整備積立金積立額の合計額	千円

（3）

　　T法人は、令和12年度末時点で、施設の建替えに必要な自己資金180,000千円を確保することが（　　　　　　　　）。

　　減価償却費の機能には、①貸借対照表に計上される資産が減価を反映した価額となる「資産評価」機能、②事業活動計算書に固定資産取得支出を費用の発生として取り込む「事業活動成果評価」機能、③②の結果、減価償却費相当額の資金が法人内部に蓄えられる「（　　　　　　　　　）」機能の3つがある。

第3章

財務分析

❶ 財務分析の種類
❷ 経営分析
❸ 実践　財務分析

　　ここでは、財務分析とは何かを理解し、その上で社会福祉法人に必要な分析について、学習します。

　　財務分析では、さまざまな比率の指標が出てきますが、社会福祉法人を運営する上で、なぜこの指標が必要なのかを意識して学習しましょう。

　　そして、現状の課題を発見するために、さまざまな指標を用い分析していきます。また、財務分析は、すでに現状の課題が判明している場合でも、どこを深く掘り下げて、改善していくべきなのかを考えるときにも有効です。

1 財務分析の種類

財務分析とは

　財務分析とは、貸借対照表や事業活動計算書等の計算書類（企業会計における財務諸表）の数字に基づいて、社会福祉法人の安全性・収益性・生産性・成長性などを分析することです。これにより、社会福祉法人全体や拠点ごとの長所や短所などの特徴を把握することができます。

　また、財務分析で得た数値を使って、昨年の数値と比較したり、他の社会福祉法人と比較したりすることで、傾向や弱点などがわかります。

　財務分析の目的は、社会福祉法人の法人全体や拠点ごとの経営状況を把握し、課題となる箇所を発見することにあります。

　　　何のために、どのような数値と比較していくかが、とても重要です。

財務分析の種類

　財務分析は、目的によって、使用する財務分析指標が異なります。営利企業（一般企業）における代表的な分析が以下の4つになります。

　安全性分析は、主に貸借対照表を使い、収益性分析は主に事業活動計算書を用いて行います。

安全性分析	支払い能力や財務体質を分析する
収益性分析	収益獲得能力を分析する
生産性分析	生産活動の効率性を分析する
成長性分析	発展度合いを分析する

財務分析比率の覚え方

分析に使用する指標の計算式には、いくつかの代表的なタイプ（パターン）があります。ここでは、3つのタイプを紹介します。

＜タイプ1＞1つの会計用語の後に（比）率が付くタイプ

会計用語が分子、その会計用語が全体（対象）としているものが分母

$$○○比率 \ = \ \frac{○○}{全体} \times 100 \ (\%)$$

例）純資産比率 $= \dfrac{純資産}{総資産} \times 100 \ (\%)$

なお、流動比率のように「資産」が省略されているものがあります。

$$流動比率 \ \Rightarrow \ 流動資産比率 \ = \ \frac{流動資産}{流動負債} \times 100 \ (\%)$$

＜タイプ2＞会計用語が2つ並ぶタイプ

前の会計用語が分母、後ろが分子

$$×× \ (対) \ ○○率 \ (比率) \ = \ \frac{○○}{××} \times 100 \ (\%)$$

例）総資産経常増減差額比率 $= \dfrac{経常増減差額}{総資産} \times 100 \ (\%)$

例）経常収益対支払利息率 $= \dfrac{支払利息}{経常収益} \times 100 \ (\%)$

なお、固定長期適合率のように例外的なものもあります。

＜タイプ3＞会計用語の後に回転率のタイプ

回転率の前の会計用語が分母、分子はサービス活動収益

$$○○回転率 \ = \ \frac{サービス活動収益}{○○}$$

例）総資産回転率 $= \dfrac{サービス活動収益}{総資産}$

2 経営分析

社会福祉法人における分析

社会福祉法人における分析は、利益を追求する企業とは異なるため、計算書類に示された数値以外の情報も含めて行います。この分析を**経営分析**といい、さまざまな視点で経営比率を分析し、検討していきます。

代表的なものとして以下の6つの視点があります。

(1)**安定性（安全性）**　　(2)**費用の適正性**　　(3)**生産性**
(4)**効率性（収益性）**　　(5)**成長性**　　　　(6)**機能性**

> 財務分析は計算書類の数値のみを用いるのに対して、経営分析は、利用者数などの計算書類以外の数値も用いて行います。

経営分析参考指標

分析に使用する指標については、独立行政法人福祉医療機構の経営サポート事業における**経営分析参考指標**を参考に記載します。

〈参考文献〉独立行政法人福祉医療機構 経営サポートセンター
『2020（R2）事業年度決算 経営分析参考指標
特別養護老人ホーム 編　2～4ページ
保育所・認定こども園 編　2～4ページ
障害福祉サービス《日中活動系サービス》 編　2～4ページ』

(1)安定性（安全性）

短期の支払能力や純資産の充実度の状況等をみることによって、安定した施設の財政基盤が確立しているかどうかを把握します。

一般の経営分析では通常「安全性」と言われていますが、社会福祉法人においては財政基盤の安定が何よりも基本的に重要であることから、あえて「安定性」という用語が用いられています。

社会福祉法人は、その社会的な存在意義や利用者の負担を考えると、一般の営利

企業とは異なる理由ではありますが、やはり破綻や倒産を極力避けなければなりません。

　したがって、社会福祉法人の財政基盤を分析し、その安定性を把握することは非常に重要なのです。

①純資産比率

$$純資産比率 \ = \ \frac{純資産}{総資産} \times 100 \ (\%)$$

　　高 🙂
　　低 😫

　総資産に対する純資産の割合を示す重要な指標です。

　純資産は、資産から負債を引いた正味の財産であり、返済不要なものです。総資産に対して返済不要な純資産がどのくらいの比率であるのかを見ることは、社会福祉法人の安定性（安全性）の分析においてとても重要です。

②固定長期適合率

$$固定長期適合率 \ = \ \frac{固\ 定\ 資\ 産}{（純資産＋固定負債）} \times 100 \ (\%)$$

　　高 😫
　　低 🙂

　建物などの固定資産を取得するための資金が、安定的な長期資金（純資産＋固定負債）でどれだけ賄われているかをみる指標です。

　固定資産は、すぐには現金化できない資産です。そのため、固定資産の調達源泉には返済不要な純資産と長期間返済しなくてよい固定負債で、100％賄われていることが望ましく、その方が安全といえます。

　100％を上回る場合は、すぐには現金化できない固定資産の取得を1年以内に返済しなければならない流動負債で賄っていることを意味し、返済できなくなる可能性があります。

③流動比率

$$流動比率 = \frac{流動資産}{流動負債} \times 100 \ (\%)$$

高 ☺
低 😣

　1年以内に現金化される流動資産と1年以内に支払期限の到来する流動負債を比べることで法人の短期的な支払能力を判断するための指標です。

　流動負債は短期的に返済が必要なため、流動負債の返済に備えて短期間で現金化できる流動資産を十分に確保しておく必要があります。つまり、この比率が100％未満になると、流動負債の返済が厳しくなっていることを示しています。そのため、この流動比率で、短期的な財務の安全性を確認します。

　ここで使用する数値は、流動資産と流動負債であって、支払資金ではない点に注意しましょう。

④償還財源対長期借入金元金償還額比率

$$償還財源対長期借入金元金償還額比率 = \frac{\begin{array}{c}設備資金借入金元金償還支出\\+ファイナンスリース債務の返済支出\\+長期運営資金借入金元金償還支出\\\hline 長期借入金元金償還額\end{array}}{\begin{array}{c}償還財源\\\hline 経常増減差額\\+減価償却費\\+国庫補助金等特別積立金取崩額［マイナス値］\end{array}} \times 100 \ (\%)$$

高 😣
低 ☺

　分子は当期における長期債務の返済支出額、分母は当期における返済の財源となる項目で、確保した財源のうち返済にどれだけ充てたのかを示しています。これにより借入金の多寡（多いのか少ないのか）を判断します。なお、減価償却費は、自己金融効果で減価償却の相当額が資金として蓄えられるため、返済財源となります。ただし、国庫補助金等特別積立金取崩額がある場合は、その相当額の自己金融効果は得られないため、減価償却費から控除します［マイナス値］。

⑤借入金比率

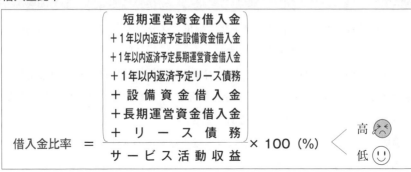

$$借入金比率 = \frac{\begin{array}{c}短期運営資金借入金 \\ +1年以内返済予定設備資金借入金 \\ +1年以内返済予定長期運営資金借入金 \\ +1年以内返済予定リース債務 \\ +設備資金借入金 \\ +長期運営資金借入金 \\ +リース債務\end{array}}{サービス活動収益} \times 100\ (\%)$$

　設備資金や長期運営資金といった借入金の金額とその返済の原資となる年間収益額（サービス活動収益）を比べることで、借入金の多寡を判断する指標です。分子となる借入金には、短期運営資金や1年基準で振り替えられた設備資金借入金、リース債務などが含まれます。

　借入金に対するサービス活動収益が大きいほど、本指標の値が低くなるため、借入金の負担は小さくなり、安定性があるといえます。

⑥債務償還年数

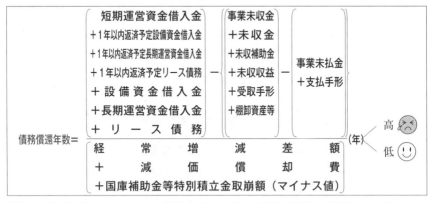

　償還が必要な債務について、事業未収金など1年間の運営の結果として得られた資金を仮に全額返済に充てたと仮定した場合、何年で返済できるかを判断する指標です。本指標の値が低いほど返済能力が高く、安定性があるといえます。

⑵費用の適正性

　費用の状況について、良質なサービス提供に必要な支出が行われているか、また、冗費が生じていないかを把握します。

　一般企業の経営分析では、売上高に対する諸費用の比率は収益性の指標として小さい方が良いものとされていますが、福祉においては、必ずしも費用が少なければ（安ければ）よいというものでありません。

　適切な福祉サービスを提供するには、適正な水準の人件費や経費を負担することは当然に必要なものですから、ここで紹介した比率は一般的に低いほうが良いものの、低すぎる場合には適切なサービス提供に問題が生じる可能性も考慮しなければなりません。

　ただし、経常収益対支払利息比率が低いのは、その分だけ利払い負担が軽いことを意味するため、一般的には低ければ低いほうが安全性の観点からも良いとされています。

　　ムダな費用のことを冗費といいます。

①人件費率

$$人件費率 \ = \ \frac{人 \quad 件 \quad 費}{サービス活動収益} \ \times 100 \ (\%)$$

　サービス活動収益に対する人件費の占める割合を示す指標です。

　本指標の値が低いほど収益に対する費用（人件費）の負担は軽くなります。ただし、良質なサービスを提供する上では適切な値に留めることも重要です。

　1円のサービス活動収益に対して、何円を人件費として使ったかを示しています。

②経費率

$$経費率 = \frac{経費（事業費＋事務費）}{サービス活動収益} \times 100 \ (\%)$$

サービス活動収益に対する経費の占める割合を示す指標です。

本指標の値が低いほど収益に対する費用（経費）の負担は軽くなります。ただし、良質なサービスを提供する上では適切な値に留めることも重要です。

1円のサービス活動収益に対して、何円を経費として使ったかを示しています。

③減価償却費率

$$減価償却費率 = \frac{\begin{array}{c}減\ \ 価\ \ 償\ \ 却\ \ 費\\ ＋国庫補助金等特別積立金取崩額［マイナス値］\end{array}}{サービス活動収益} \times 100 \ (\%)$$

サービス活動収益に対する減価償却費の占める割合を示す指標です。

本指標の値が低いほど収益に対する費用（減価償却費）の負担は軽くなります。ただし、良質なサービスを提供する上では一定の設備は必要になるので適切な値に留めることも重要です。

④従事者1人当たり人件費

$$従事者1人当たり人件費 = \frac{人\ \ \ 件\ \ \ 費}{年間平均従事者数}$$

従事者（職員）1人にかかる平均人件費から給与水準を示す指標です。

本指標の値が小さいほど費用削減に寄与することになります。ただし、良質なサービスを提供する上では、一定の給与水準は必要なので適切な値に留めることも重要です。

従事者（職員）にとってはこの比率が高い方が嬉しいですね。

⑤経常収益対支払利息率

$$経常収益対支払利息率 = \frac{支払利息}{経常収益} \times 100 \,(\%)$$

高 😖
低 🙂

経常収益に対する支払利息の占める割合を示す指標です。

本指標の値が低いほど収益に対する費用（支払利息）の負担が軽いことを意味します。一般的には低ければ低いほうが安全性の観点からも良いとされています。

(3)生産性

「生産性」という表現は、事業に投入したインプット要素（労働や資本など）に対して、どれくらいの価値のアウトプット要素（売上高や**付加価値**など）を生み出せたのかという意味で用いられます。

つまり、社会福祉法人の保有する人員や設備が十分に活用され、それにふさわしい収入を上げているかを把握します。

インプット要素とアウトプット要素の組み合わせにはさまざまなパターンがありますが、アウトプット要素として特に重要視されるのが付加価値です。付加価値とは、ある経済主体が事業により新たに作り出した価値のことです。

ただし、新たに作り出した付加価値を直接的に算出するのは困難であるため、一般的には「生産額（売上高）」から「企業が購入した原材料費や外注費などの前給付費用」を差し引いたものとして計算されます。

付加価値の中には、従業員に支払われる賃金や、債権者に対して支払われる利息、さらに株式会社であれば配当金の財源となる利益などが含まれるため、付加価値が大きくなるほど、利害関係者に対して分配される額が大きくできるという関係があります。

獲得した付加価値から、賃金や支払利息などをまかなうことになります。

　社会福祉法人の経営分析において、付加価値は次のように計算されます。このように収益から一定のものを控除する方式を控除方式といいます。

付加価値額＝サービス活動収益－（事業費＋事務費＋減価償却費＋国庫補助金等特別積立金取崩額［マイナス値］＋徴収不能額）

　なお、加算して求める加算方式の例として、日銀方式では次のように計算されます。

　付加価値＝経常利益＋人件費＋金融費用＋租税公課＋減価償却費

①従事者1人当たりサービス活動収益

$$従事者1人当たりサービス活動収益 = \frac{サービス活動収益}{年間平均従事者数}$$

　従事者1人当たりどの程度のサービス活動収益を得ているかによって効率を判断する指標です。

　本指標の値が大きいほど従事者（職員）の収益獲得力が高いことから収益増加あるいは費用削減に寄与することになります。

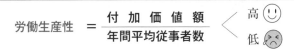

　少ない人数で多くの収益を得ると高くなりますが、良質なサービスを提供するための人員確保も大切なので、適切な値に留めることも重要です。

②労働生産性

$$労働生産性 = \frac{付加価値額}{年間平均従事者数}$$

　従事者（職員）1人がどれだけの付加価値を生み出したかを示す指標です。

　本指標の値が高いほど、各々の従事者が効率よく価値を生み出し、円滑な運営管理が行われているといえます。

＜労働生産性の分解＞

　労働生産性の分解は分子と分母にサービス活動収益を入れることによって、次のように分解できます。

$$\boxed{\text{労　働　生　産　性}} = \boxed{\text{サービス活動収益付加価値率}} \times \boxed{\text{従事者1人当たりサービス活動収益}}$$

$$\frac{\text{付加価値額}}{\text{年間平均従事者数}} = \frac{\text{付加価値額}}{\text{サービス活動収益}} \times \frac{\text{サービス活動収益}}{\text{年間平均従事者数}}$$

　サービス活動収益付加価値率とは、サービス活動収益に対する付加価値の割合をいいます。上の分解から、労働生産性を高めるためには、サービス活動収益に対する付加価値の割合を高めるとともに、年間平均従事者数当たりのサービス活動収益を増やす必要があります。

　また、サービス活動収益付加価値率を高める方法として、付加価値額を上げるために、控除方式で控除項目に該当する経費などを削減することが挙げられます。

③労働分配率

$$\text{労働分配率} = \frac{\text{人　件　費}}{\text{付加価値額}} \times 100 \ (\%)$$

　付加価値が人件費にどれだけ分配されているかを判断する指標です。

　本指標の値が低いほど活動増減差額が大きくなります。しかし、多くの社会福祉法人のように付加価値を生み出す要素として人的資源に頼る業種では、生み出した付加価値が人件費として適切に分配されないと、職員の定着を妨げ、離職が増える原因となります。そのため、安定した経営に支障をきたさないように、労働分配率も適切な水準を維持することが必要です。

⑷効率性（収益性）

　ここまでの分析でも言われているとおり、社会福祉法人は利益の獲得を目的に存在する法人ではないため、営利企業のように効率的に収益を獲得することはそれほど重要とは言えません。

　しかし、一般企業や病院（医療法人）などの収益獲得能力と比較することで法人経営の効率性を分析する必要性もあることから、その点を踏まえて効率性は「収益性」と呼ばれることもあります。

①サービス活動収益対サービス活動増減差額比率

$$\text{サービス活動収益対サービス活動増減差額比率} = \frac{\text{サービス活動増減差額}}{\text{サービス活動収益}} \times 100\,(\%)$$

高 ☺　低 😣

　本業であるサービス活動収益から得られた増減差額を示す指標です。

　本指標の値が高いほど収益性が高い事業といえます。

　　　　　一般企業での売上高営業利益率に相当します。

②経常収益対経常増減差額比率

$$\text{経常収益対経常増減差額比率} = \frac{\text{経常増減差額}}{\text{経 常 収 益}} \times 100\,(\%)$$

高 ☺　低 😣

　本業であるサービス活動収益に受取利息等を加えた、法人に通常発生している収益から得られた増減差額を示す指標です。

　本指標の値が高いほど収益性が高い事業といえます。

③総資産経常増減差額比率

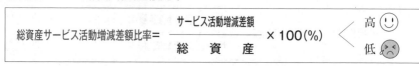

$$総資産経常増減差額比率 = \frac{経常増減差額}{総\ 資\ 産} \times 100(\%)$$

高 ☺
低 😣

　法人の保有するすべての資産を使って、どれだけの経常増減差額を生み出せたかといった収益性を示す指標です。

　本指標の値が高いほど社会資本として法人に投下された諸資源（総資産）から次の投下資金の基となる経常増減差額が多く生み出されているといえます。

④総資産サービス活動増減差額比率

$$総資産サービス活動増減差額比率 = \frac{サービス活動増減差額}{総\ 資\ 産} \times 100(\%)$$

高 ☺
低 😣

　総資産からどの程度のサービス活動増減差額を生み出したかを示す指標です。

　本指標の値が高いほど総資産を効率よく用いた収益性が高い事業といえます。

＜総資産サービス活動増減差額比率の分解＞

　総資産サービス活動増減差額比率の分解は分子と分母にサービス活動収益を入れることによって、次のように分解できます。

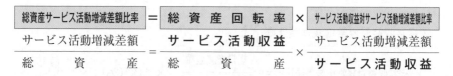

総資産サービス活動増減差額比率	＝	総 資 産 回 転 率	×	サービス活動収益対サービス活動増減差額比率
$\dfrac{サービス活動増減差額}{総\ 資\ 産}$	＝	$\dfrac{サービス活動収益}{総\ 資\ 産}$	×	$\dfrac{サービス活動増減差額}{サービス活動収益}$

　上の分解から、「総資産サービス活動増減差額比率」は、「総資産回転率」と「サービス活動収益対サービス活動増減差額比率」から構成されていることがわかります。

⑤総資産回転率

$$総資産回転率 \ = \ \frac{サービス活動収益}{総\quad 資\quad 産} \ (回)$$

高 ☺
低 ☹

　総資産の金額とその総資産が生み出す年間収益額（サービス活動収益）を比べることで、総資産が有効活用されているかを判断する指標です。

　本指標の値が高いほど総資産が効率よく収益を生み出しており、有効活用されているといえます。

　「回転率」という指標は、投下した資産が一定期間（通常１年間）に何回、収益によって回収されたかを示します。

　例えば、総資産１億円の法人が１年間に２億円のサービス活動収益を生み出したとすると、生み出したサービス活動収益２億円によって、総資産１億円の投資を２回分回収できた計算になるため、回転率は２回と計算されます。

　回転率が高いからといって、直接的に利益（活動増減差額）の獲得につながる訳ではありませんが、回転率が高ければ高いほど、少ない資産への投資で多くのサービス活動収益を獲得できていることを示します。

⑥固定資産回転率

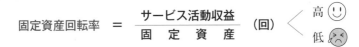

$$固定資産回転率 \ = \ \frac{サービス活動収益}{固\quad 定\quad 資\quad 産} \ (回)$$

高 ☺
低 ☹

　固定資産の金額とその固定資産を用いた結果生み出された年間収益額を比べることで、固定資産が有効活用されているかを判断する指標です。

　本指標の値が高いほど固定資産が効率よく収益を生み出しており、有効活用されているといえます。

⑸成長性

　経営分析参考指標に記載はありませんが、企業会計の財務分析にもあるように、事業や社会福祉法人の成長性を分析することはとても重要です。シンプルに考えて、収益の対前年比増加率が成長性を示す指標といえます。しかし、社会福祉法人では事業規模や経営環境が大きく変化していない場合は、数値が大きく上がることも、下がることも基本的にはないはずです。

　また、サービス活動収益やサービス活動費用、資産といったそれぞれの対前年比増加率を算出し、比較することも現状を把握する上で、とても便利です。

サービス活動収益増加率　＞　サービス活動費用増加率
サービス活動収益増加率　＞　総資産増加率

　上記のとおり、基本的には費用の増加率より収益の増加率の方が高いことや、総資産の増加率より収益の増加率の方が高いことの方がよいと考えられます。

　　収益や費用のみならず、サービス活動増減差額増加率や経常増減差額増加率などの数値も算出して、分析することが大切です。

⑹機能性

　社会福祉法人の機能性をみるための指標は、運営する施設の種類によって異なります。ここでは⑴特別養護老人ホーム、⑵保育所・認定こども園、⑶障害福祉サービスの3つをみていきます。

　これまでに学習したの指標の中でも、年間平均従事者数を使って費用の適正性や生産性など算定するものがありましたが、機能性の分析においても、財務数値以外のさまざまな数値を用いて行います。

　機能性の分析では、これまでみてきた財務分析のような定量的分析を行う前提として、社会福祉法人がサービスの提供を行うために不可欠な施設の機能やサービス内容を把握します。

　なお、これらはサービス活動収益の基礎となるものです。

⑴特別養護老人ホームの機能性分析

①利用率

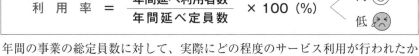

$$利用率 = \frac{年間延べ利用者数}{年間延べ定員数} \times 100 \; (\%)$$

　年間の事業の総定員数に対して、実際にどの程度のサービス利用が行われたかを示す指標です。

　本指標の値が高いほど施設が有効に活用されていることとなり、収益増加に寄与することになりますが、100％を超えることはないはずです。

②要介護度

　年間の利用者数×要介護度の合計を実際の年間延べ利用者数で割ることにより、利用者1人当たりの介護報酬単価の多寡を判断する指標です。

　本指標の値が高いほど介護報酬単価が上がるため、収益増加に寄与することになります。

③定員1人当たりサービス活動収益

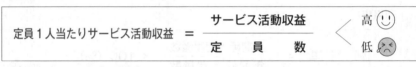

　サービス活動収益を定員数で割ることにより、限られた定員数の中で効率よく収益を得ていたかが分かります。事業全体の収益性を判断する指標です。

　本指標の値が大きいほど収益増加に寄与することになります。

④利用者1人1日当たりサービス活動収益

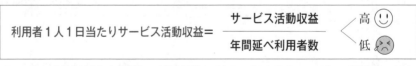

　サービス活動収益を年間延べ利用者数で割ることにより、1人の利用者に対して1日分のサービスを提供してどれだけ収益を獲得できたのかが分かります。事業全体の収益性を判断する指標です。

　本指標の値が大きいほど収益増加に寄与することになります。

⑤利用者10人当たり従事者数

$$利用者10人当たり従事者数 = \frac{年間従事者数}{年間延べ利用者数} \times 10（人）$$

利用者10人に対して配置される職員数からその多寡を判断する指標です。

本指標の値が小さいほど費用削減に寄与することになります。

ただし、良質なサービスを提供する上では適切な値に留めることも重要です。

⑵保育所・認定こども園の機能性分析

①利用率

$$利用率 = \frac{月別在所児数の年間合計}{（定員数 \times 12）} \times 100（\%）\quad \begin{matrix} 高 ☺ \\ 低 ☹ \end{matrix}$$

事業の定員数に対して、どの程度のサービス利用が行われたかを示す指標です。

本指標の値が高いほど施設が有効に活用されていることとなり、収益増加に寄与することになりますが、100%を超えることはないはずです。

②3歳未満児比率

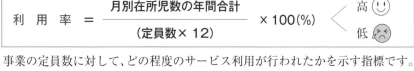

$$3歳未満児比率 = \frac{0～2歳児に係る月別在所児数の年間合計}{月別在所児数の年間合計} \times 100（\%）\quad \begin{matrix} 高 ☺ \\ 低 ☹ \end{matrix}$$

※認定こども園の「3歳未満児比率」は次の式で算定しています。

$$3歳未満児比率 = \frac{0～2歳児に係る月別在所児数の年間合計}{1号認定を含まない月別在所児数の年間合計} \times 100（\%）\quad \begin{matrix} 高 ☺ \\ 低 ☹ \end{matrix}$$

在所児の年齢比率から、サービスの対価としての収益額の多寡を判断する指標です。

本指標の値が高いほど収益単価が高いため、収益増加に寄与することになります。

③3歳児比率（1号認定）

$$3歳児比率（1号認定）= \frac{1号認定（3歳児）に係る月別在所児数の年間合計}{1号認定に係る月別在所児数の年間合計} \times 100 \,(\%)$$ 高 ☺ / 低 😖

　在所児の年齢比率から、サービスの対価としての収益額の多寡を判断する指標
です。

　本指標の値が高いほど収益単価が高いため、収益増加に寄与することになります。

④児童1人1月当たりサービス活動収益

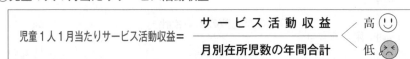

$$児童1人1月当たりサービス活動収益 = \frac{サービス活動収益}{月別在所児数の年間合計}$$ 高 ☺ / 低 😖

　在所児1人1月当たりのサービス活動収益から、サービスの対価としての収益
額の多寡を判断する指標です。

　本指標の値が大きいほど収益単価が高いため、収益増加に寄与することになります。

⑤児童10人当たり従事者数

$$児童10人当たり従事者数 = \frac{年間平均従事者数 \times 12}{月別在所児数の年間合計} \times 10$$

在所児10人に対して配置される職員数からその多寡を判断する指標です。

本指標の値が小さいほど費用削減に寄与することになります。

ただし、良質なサービスを提供する上では適切な値に留めることも重要です。

⑶障害福祉サービス（日中活動系サービス）の機能性分析

①利用率

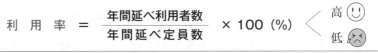

$$利用率 = \frac{年間延べ利用者数}{年間延べ定員数} \times 100 \ (\%)$$

事業の定員数に対して、どの程度のサービス利用が行われたかを示す指標です。

本指標の値が高いほど施設が有効に活用されていることとなり、収益増加に寄与することになりますが、100％を超えることはないはずです。

②障害支援区分

$$障害支援区分 = \frac{\begin{array}{l} 区分1の人数 \times 1 \\ + 区分2の人数 \times 2 \\ + 区分3の人数 \times 3 \\ + 区分4の人数 \times 4 \\ + 区分5の人数 \times 5 \\ + 区分6の人数 \times 6 \end{array}}{年間延べ利用者数}$$

利用者の障害支援区分の平均から、障害福祉サービス報酬単価の多寡を判断する指標です。

本指標の値が大きいほど障害福祉サービス報酬単価が上がるため、収支増加に寄与することになります。

③利用者1人1日当たりサービス活動収益

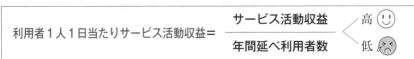

$$利用者1人1日当たりサービス活動収益 = \frac{サービス活動収益}{年間延べ利用者数}$$

サービス活動収益を年間延べ利用者数で割ることにより、1人の利用者に対して1日分のサービスを提供してどれだけ収益を獲得できたのかが分かります。事業全体の収益性を判断する指標です。

本指標の値が大きいほど収益増加に寄与することになります。

④利用者 10 人当たり従事者数

$$利用者\ 10\ 人当たり従事者数\ =\ \frac{年間従事者数}{年間延べ利用者数}\ \times 10$$

利用者 10 人に対して配置される職員数からその多寡を判断する指標です。

本指標の値が小さいほど費用削減に寄与することになります。

ただし、良質なサービスを提供する上では適切な値に留めることも重要です。

<参考>労働装備率

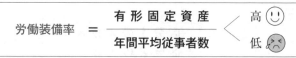

$$労働装備率\ =\ \frac{有形固定資産}{年間平均従事者数}$$

　従事者 1 人当たりの有形固定資産の金額を表し、事業全体の機能性を判断する指標です。

　これは、設備投資を積極的に行い、少ない従事者で運営している場合に高くなります。

<労働生産性と労働装備率の関係>

　労働生産性を分解することで、労働装備率との関係が分かります。分解は分子と分母にサービス活動収益と有形固定資産を入れることによって、次のように分解できます。

$$\underset{\text{年間平均従事者数}}{\overset{\text{労働生産性}}{\text{付加価値額}}}=\underset{\text{年間平均従事者数}}{\overset{\text{労働装備率}}{\text{有形固定資産}}}\times\underset{\text{有形固定資産}}{\overset{\text{有形固定資産回転率}}{\text{サービス活動収益}}}\times\underset{\text{サービス活動収益}}{\overset{\text{サービス活動収益付加価値率}}{\text{付加価値額}}}$$

　上の分解から、労働生産性を高めるには設備投資などを積極的に行い、付加価値を高め、有形固定資産回転率を上げる必要があることが分かります。

経営分析参考指標のまとめ

これまでの経営分析参考指標を一覧にまとめると以下になります。

(1)安定性（安全性）	(2)費用の適正性	(3)生　産　性	(4)効率性（収益性）
① 純 資 産 比 率	① 人 件 費 率	① 従事者１人当たり	① サービス活動収益対
② 固定長期適合率	② 経 費 率	サービス活動収益	サービス活動増減差額比率
③ 流 動 比 率	③ 減 価 償 却 費 率	② 労 働 生 産 性	② 経 常 収 益 対
④ 償 還 財 源 対	④ 従事者１人当たり人件費	③ 労 働 分 配 率	経常増減差額比率
長期借入金元金償還額比率	⑤ 経常収益対支払利息率		③ 総資産経常増減差額比率
⑤ 借 入 金 比 率			④ 総資産サービス活動増減差額比率
⑥ 債 務 償 還 年 数			⑤ 総 資 産 回 転 率
			⑥ 固 定 資 産 回 転 率

(5)成　長　性	(6)機　能　性		
それぞれの数値の 対前年比増加率など	特別養護老人ホーム	保育所・認定こども園	障害福祉サービス （日中活動系サービス）
	① 利 用 率	① 利 用 率	① 利 用 率
	② 要 介 護 度	② ３歳未満児比率	② 障 害 支 援 区 分
	③ 定員１人当たり サービス活動収益	③ ３歳児比率（１号認定）	③ 利用者１人１日当たり サービス活動収益
	④ 利用者１人１日当たり サービス活動収益	④ 児童１人１月当たり サービス活動収益	④ 利用者10人当たり従事者数
	⑤ 利用者10人当たり従事者数	⑤ 児童10人当たり従事者数	

3 実践 財務分析

比較対象と意味

(1) 平均値との比較

　　社会福祉法人の経営状況を公開している WAMNET では、純資産比率、流動比率から、人件費率、経費率、従事者（職員）1 人当たりのサービス活動収益に至るまで、さまざまな指標が年度ごとに公開されています。また、それぞれの指標の平均値や中央値も公開されているので、自法人の値をそれと比較することにより、自法人の状況や、強化するべき点などを認識することができます。

　　社会福祉法人の場合、各指標の値が正規分布となっていないことが多いので、平均値よりも中央値（データを大きい順に並べた時の中央の値：7 人を大きい順に並べて 4 人目の値）との比較の方が有用かも知れません。

(2) 経年での比較

　　例えば、「従事者 1 人当たりのサービス活動収益」の向上を目標としてきた場合に、同指標を 3 年前、2 年前、昨年度、本年度と、経年で比較することにより、目標に近づいているのかどうかを把握することができます。

(3) 他者との比較

　　将来の目標になるような社会福祉法人があるとしましょう。その社会福祉法人の経営状況を調べ、自法人と比較することで、差分を把握することができ、その差分の解消を目標にして方針を立て、取り組んでいくといったことができるようになります。

貸借対照表（B／S）の分析

　社会福祉法人が安定的に経営されることはとても重要なことです。安定性を確保するためには、次の意識が必要です。

・資産はできるだけ資金の固定化を避け、流動資産で保持するようにする。

・負債は借り入れなどの資金の調達にさいして、できるだけ短期の調達を避け、長期の調達を行うようにする。

・純資産の充実を図るようにする。

　しかしこれらの財務体質の改善は、短期的にできるものばかりではないので、長期的な視点で取り組む必要があります。

安定性の分析は貸借対照表を用いて行います。

実践 貸借対照表の分析

⑴ 平均値との比較

社会福祉法人あすなろの当年度（20X2 年 3 月 31 日決算）の貸借対照表が以下のとおりであったとして、次の指標について平均値と比較してみましょう（割切れない場合は％の小数点以下 2 位を四捨五入）。

貸借対照表

社会福祉法人あすなろ　　20X2 年 3 月 31 日（当年度）

資産の部	金　額	負債の部	金　額
流動資産	2,000	流動負債	800
現金預金	1,300	短期運営資金借入金	500
事業未収金	200	事業未払金	50
未収補助金	300	1 年以内返済予定	
立替金	100	設備資金借入金	200
前払費用	100	未払費用	50
		固定負債	1,200
固定資産	8,000	設備資金借入金	1,050
基本財産	6,000	退職給付引当金	150
土　　地	3,500	負債の部合計	2,000
建　　物	2,500	純資産の部	
その他の固定資産	2,000	基本金	2,000
構築物	300	国庫補助金等特別積立金	4,000
車輌運搬具	200	その他の積立金	1,200
器具及び備品	100	施設整備積立金	1,200
退職給付引当資産	150	次期繰越活動増減差額	800
施設整備積立資産	1,200		
その他の固定資産	50	純資産の部合計	8,000
資産の部合計	10,000	負債・純資産の部合計	10,000

	平均値	社会福祉法人あすなろ
①流動比率	320.9%	250%
（流動資産／流動負債）		（2,000 ／ 800）
②純資産比率	72.9%	80%
（純資産／総資産）		（8,000 ／ 10,000）
③固定長期適合率	89.4%	87%
（固定資産／純資産＋固定負債）		｛8,000 ／ （8,000 ＋ 1,200）｝
④借入金比率	17.3%	17.5%
（借入金／総資産）		｛(500+200+1,050) ／10,000｝

3

財務分析

　純資産比率や固定長期適合率は平均値より良い状況ですが、借入金比率が平均値なみ、流動比率は平均値を大きく下回っていることがわかります。

　この結果、借入れに頼ることなく、流動資産を増やしていくように取り組む必要があることがわかります。

(2) 経年での比較

社会福祉法人あすなろの昨年度（20X1年3月31日決算）の貸借対照表が以下のとおりであったとして、次の指標について当年度と比較してみましょう（割切れない場合は％の小数点以下2位を四捨五入）。

貸借対照表

社会福祉法人あすなろ　　20X1年3月31日（昨年度）

資産の部	金　額	負債の部	金　額
流動資産	1,300	流動負債	650
現金預金	900	短期運営資金借入金	300
事業未収金	100	事業未払金	100
未収補助金	200	1年以内返済予定	
立替金	50	設備資金借入金	200
前払費用	50	未払費用	50
		固定負債	1,350
固定資産	8,100	設備資金借入金	1,250
基本財産	6,000	退職給付引当金	100
土　　地	3,500	負債の部合計	2,000
建　　物	2,500	純資産の部	
その他の固定資産	2,100	基本金	2,000
構築物	350	国庫補助金等特別積立金	4,000
車輌運搬具	300	その他の積立金	1,000
器具及び備品	200	施設整備積立金	1,000
退職給付引当資産	100	次期繰越活動増減差額	400
施設整備積立資産	1,000		
その他の固定資産	150	純資産の部合計	7,400
資産の部合計	9,400	負債・純資産の部合計	9,400

	昨年度	当年度
①流動比率	200％	250％
（流動資産／流動負債）	(1,300 ／ 650)	
②純資産比率	78.7％	80％
（純資産／総資産）	(7,400 ／ 9,400)	
③固定長期適合率	92.6％	87％
（固定資産／純資産＋固定負債）	{8,100 ／ (7,400 ＋ 1,350)}	
④借入金比率	18.6％	17.5％
（借入金／総資産）	{(300 ＋ 200 ＋ 1,250)／9,400}	

3
財務分析

　当期は前期に比べ、4つの比率すべてで一定の改善がみられ、特に流動比率と固定長期適合率に大きな改善が見られたことがわかります。

(3) 他者との比較

　　財務分析では、規模が異なる法人であっても比較することができます。

　　規模も大きく評価も高い、将来的な目標にと考えている社会福祉法人あこがれの当年度の貸借対照表が以下のとおりだったとして、各比率を比較してみましょう。

貸借対照表

社会福祉法人あこがれ　　20X2 年 3 月 31 日（当年度）

資産の部	金　　額	負債の部	金　　額
流動資産	15,000	流動負債	3,000
現金預金	10,000	短期運営資金借入金	0
事業未収金	3,000	事業未払金	2,100
未収補助金	1,000	1 年以内返済予定	
立替金	700	設備資金借入金	600
前払費用	300	未払費用	300
		固定負債	17,000
固定資産	85,000	設備資金借入金	12,000
基本財産	50,000	退職給付引当金	5,000
土　　地	40,000	負債の部合計	20,000
建　　物	10,000	純資産の部	
その他の固定資産	35,000	基本金	10,000
構築物	3,000	国庫補助金等特別積立金	40,000
車輌運搬具	5,500	その他の積立金	20,000
器具及び備品	1,000	施設整備積立金	20,000
退職給付引当資産	5,000	次期繰越活動増減差額	10,000
施設整備積立資産	20,000		
その他の固定資産	500	純資産の部合計	80,000
資産の部合計	100,000	負債・純資産の部合計	100,000

	社会福祉法人あこがれ	あすなろ
①流動比率	500%	250%
（流動資産／流動負債）	(15,000 ／ 3,000)	
②純資産比率	80%	80%
（純資産／総資産）	(80,000 ／ 100,000)	
③固定長期適合率	87.6%	87%
（固定資産／純資産＋固定負債）	{85,000 ／(80,000 ＋ 17,000)}	
④借入金比率	12.6%	17.5%
（借入金／総資産）	{(0＋600＋12,000)／100,000}	

　流動比率や借入金比率では大きな差がありますが、純資産比率は同レベル、固定長期適合率では「あすなろ」の方が少し良い比率になっていることがわかります。今後「あすなろ」が「あこがれ」に近づくには、規模の拡大を図るとともに、借入金の比率を下げながら、流動比率を高めるという取り組みが要求されることになります。

百分率貸借対照表

規模の大きく異なる法人間や、事業内容の異なる法人間での比較を行うさいには、総資産を100%とし、主な項目ごとの割合を示した百分率貸借対照表を作成してみると構造がわかりやすくなります。

貸借対照表

社会福祉法人あすなろ　　　20X2 年 3 月 31 日

流 動 資 産	2,000	20%	流 動 負 債	800	8%
固 定 資 産	8,000	80%	固 定 負 債	1,200	12%
			純 資 産	8,000	80%
資 産 合 計	10,000	100%	負債・純資産合計	10,000	100%

貸借対照表

社会福祉法人あこがれ　　　20X2 年 3 月 31 日

流 動 資 産	15,000	15%	流 動 負 債	3,000	3%
固 定 資 産	85,000	85%	固 定 負 債	17,000	17%
			純 資 産	80,000	80%
資 産 合 計	100,000	100%	負債・純資産合計	100,000	100%

事業活動計算書（P／L）の分析

社会福祉法人における事業活動計算書の分析では、サービス活動収益対サービス活動増減差額比率といった収益性に関する分析も行いますが、その中心になるのは人件費率や、経費率といった「費用の適正性」をみる比率になります。

社会福祉法人は売上や利益の獲得を目的とするものではないので、収益性に関する比率よりも費用の適正性に関する比率が中心になります。

実践　事業活動計算書の分析

(1)　平均値との比較

　社会福祉法人あすなろの当年度（20X2 年 3 月 31 日決算）の事業活動計算書が以下のとおりであったとして、下記の指標について平均値と比較してみましょう（割切れない場合は%の小数点以下 2 位を四捨五入）。

勘　定　科　目		当年度決算(A)	前年度決算(B)	増減(A)−(B)
サービス活動増減の部	収益　介護保険事業収益	9,800	9,500	300
	経常経費寄附金収益	200	100	100
	サービス活動収益計	10,000	9,600	400
	費用　人件費	6,400	6,500	− 100
	事業費	1,800	1,900	− 100
	事務費	1,000	900	100
	減価償却費	300	300	0
	国庫補助金等特別積立金取崩額	△ 200	△ 200	0
	サービス活動費用計	9,300	9,400	− 100
	サービス活動増減差額	700	200	500
サービス活動外増減の部	収益　借入金利息補助金収益	50	50	0
	その他のサービス活動外収益	250	150	100
	サービス活動外収益計	300	200	100
	費用　支払利息	100	100	0
	その他のサービス活動外費用	100	250	− 150
	サービス活動外費用計	200	350	− 150
	サービス活動外増減差額	100	△ 150	250
	経常増減差額	800	50	750
特別増減の部	収益　施設整備等補助金収益	70	60	10
	特別収益計	70	60	10
	費用　固定資産売却損・処分損	170	30	140
	特別費用計	170	30	140
	特別増減差額	△ 100	30	△ 130
	当期活動増減差額	700	80	620
繰越活動増減差額の部	前期繰越活動増減差額	100	20	80
	当期末繰越活動増減差額	800	100	700
	基本金取崩額	−	−	−
	その他の積立金取崩額	−	−	−
	その他の積立金積立額	−	−	−
	次期繰越活動増減差額	800	100	700

	平均値	社会福祉法人あすなろ
①サービス活動収益対サービス活動増減差額比率	2.8%	7%
（サービス活動増減差額／サービス活動収益計）		（700／10,000）
②人件費率	66.5%	64%
（人件費／サービス活動収益計）		（6,400／10,000）
③経費率	23.8%	28%
（事業費＋事務費／サービス活動収益計）		｛（1,800＋1,000）／10,000｝

　サービス活動収益対サービス活動増減差額比率は、平均値を大きく上回っており、収益性が高いことがわかります。一方、人件費率は平均より少し低く、今後必要に応じて従事者の待遇の改善を検討することになると思われます。経費率の比率は平均より高く、利用者へのサービスのレベルは比較的高いと思われます。

(2) 経年での比較

　対昨年度の金額は、事業活動計算書に示されていますが、各指標の比率を比較することで、この1年間の動きが分かります。

　下記の指標について当年度と比較してみましょう（割切れない場合は％の小数点以下2位を四捨五入）。

	昨年度	当年度
①サービス活動収益対サービス活動増減差額比率	2.1%	7%
（サービス活動増減差額／サービス活動収益計）	（200／9,600）	
②人件費率	67.7%	64%
（人件費／サービス活動収益計）	（6,500／9,600）	
③経費率	29.2%	28%
（事業費＋事務費／サービス活動収益計）	｛（1,900＋900）／9,600｝	

　当期の活動により、サービス活動収益対サービス活動増減差額比率は、大幅に改善したことが読み取れます。また、人件費率、経費率は、少し数値が下がっています。

　人件費は、比率も金額も下がっており、さらに平均値（66.5％）を下回っていることから、従事者への負担が増えている可能性も考えられます。一方、経費率は、昨年より数値が下がっていますが、平均値（23.8％）より依然として高いといえます。

(3)　他者との比較

　他者の指標と比較して改善していくということも考えられますが、平均値を他者として比較すれば十分でしょう。

資金収支計算書の分析

　資金収支計算書の一般的な分析比率は、特にありませんが、資金収支計算書の区分ごとの意味として、次のように認識しておくとよいでしょう。

(1)　事業活動による収支

　事業活動による収入とそれに対応する支出が記載されるので、事業活動資金収支差額は通常はプラスになるはずです。マイナスになるようでしたら、原因を究明した上で対応が必要と思われます。

(2)　施設設備等による収支

　施設設備等による収支には、施設設備などの固定資産取得支出が記載されるので、施設整備等資金収支差額はマイナスになることも多い区分といえるでしょう。マイナスが計画に沿ったものであるかを注視する必要があります。

(3)　その他の活動による収支

　社会福祉法人では一般的に、事業活動資金収支差額がプラスで収入を得、施設整備等資金収支差額がマイナスで支出をしており、その過不足を調整するのが、その他の活動による収支となります。したがって、この区分では、資金の残高をコントロールできているかをみることになります。

❶ 次の問いに答えなさい。

（1） 財務分析の記述に関して、（　ア　）〜（　キ　）に入る適切な語句を答えなさい。

　　計算書類の数値から分析をする「財務分析」は、社会福祉法人の経営状態を診断し、問題点や経営改善の方法を見つけ出すことを目的として行われます。

　　その際、計算書類に表される数値以外の情報も取り入れ、次のような視点で経営比率を分析し、検討します。

　　　①（　ア　）性
　　　②（　イ　）性
　　　③（　ウ　）性
　　　④　収益性（効率性）
　　　⑤（　エ　）性

　「（　ア　）性」は、計算書類の数値から定量的診断を行う前提として、サービス活動収益の基礎となる施設の（　ア　）やサービス内容を把握するための指標です。施設の「利用率」や「利用者１人１日当たりサービス活動収益」などの指標があります。

　「（　イ　）性」は良質なサービス提供に必要な支出が適正に行われているか、無駄な支出が生じていないかを把握するための指標です。「人件費率」「経費率」「減価償却費率」などの指標がありますが、いずれも「（　オ　）」に対する比率を示しています。

　「（　ウ　）性」は、事業に投入した資源（労働と資本）に対する産出量（売上高や付加価値等）を評価する指標であり、施設の保有する人員や設備が十分に活用され、それにふさわしい収益を上げているかを把握するための指標です。「従事者１人当たりサービス活動収益」「労働（　ウ　）性」「労働分配率」のように、主に施設の従事者に関わる指標です。上記の

付加価値とは、事業活動によって新たに創出された価値を指し、付加価値額＝サービス活動収益－（事業費＋事務費＋減価償却費－国庫補助金等特別積立金取崩額＋徴収不能額）という算式で求められます。

「収益性（効率性）」は、事業に投下された資本や事業に対する収益の効率性を把握するための指標です。施設に投下された資源がどの程度の経常増減差額を生み出したかを示す「総資産経常増減差額比率」や施設に投下された資源がどの程度活用されたかを示す「総資産回転率」等の指標があります。

「（　エ　）性」は、（　エ　）した施設の財政基盤が確立されているかどうかを把握するための指標です。返済の必要のない財源である（　カ　）の比率を見る「（　カ　）比率」や短期的な支払能力を見る「流動比率」、長期的に資金が固定される固定資産の資金源泉が（　カ　）や長期借入金などの固定負債からどれだけ賄われているかを見る「（　キ　）」のような指標があります。

（2）　社会福祉法人Ｎ（以下、「Ｎ法人」という。）は、定員100名の特別養護老人ホームを経営している。Ｎ法人の令和２年度の要約貸借対照表、要約事業活動計算書は資料のとおりである。Ｎ法人の財務分析比率を計算し、解答用紙の空欄に記入しなさい。

なお、付加価値額の算出については複数の算式があるので、本問では（1）に示されている算式で求めること。

また、千円単位で解答する指標については千円未満を切り捨てて、総資産回転率については小数第３位を、その他の百分率で求める指標については100を乗じたあとで、小数第２位を四捨五入して解答すること。

（3）　Ｎ法人の財務分析に関する解答用紙の記述について、（　ク　）に入る適切な語句を（1）文中の①～⑤から選択して答えなさい。

【資料】

要約貸借対照表

令和3年3月31日現在　　　　　　（単位：千円）

資産の部	当年度末	負債の部	当年度末
流動資産	133,549	流動負債	72,292
現金預金	40,527	事業未払金	24,003
事業未収金	92,502	1年以内返済予定設備資金借入金	43,300
立替金	520	職員預り金	4,989
固定資産	700,817	固定負債	263,834
基本財産	665,117	設備資金借入金	259,800
土地	80,717	退職給付引当金	4,034
建物	584,400	負債の部合計	336,126
その他の固定資産	35,700	純資産の部	当年度末
建物	386	基本金	15,000
構築物	8,516	国庫補助金等特別積立金	350,640
車輌運搬具	3,756	次期繰越活動増減差額	132,600
器具及び備品	18,713	（うち当期活動増減差額）	(10,236)
ソフトウェア	295	純資産の部合計	498,240
退職給付引当資産	4,034		
資産の部合計	834,366	負債及び純資産の部合計	834,366

要約事業活動計算書

（自）令和2年4月1日（至）令和3年3月31日 （単位：千円）

		勘 定 科 目	当年度決算
サービス活動増減の部	収益	介護保険事業収益	583,287
		経常経費寄附金収益	300
		サービス活動収益計	583,587
	費用	人件費	377,043
		事業費	82,985
		事務費	90,768
		減価償却費	43,782
		国庫補助金等特別積立金取崩額	△ 24,080
		徴収不能額	60
		サービス活動費用計	570,558
		サービス活動増減差額	13,029
サービス活動外増減の部	収益	借入金利息補助金収益	500
		受取利息配当金収益	1
		その他のサービス活動外収益	1,621
		サービス活動外収益計	2,122
	費用	支払利息	3,885
		その他のサービス活動外費用	1,005
		サービス活動外費用計	4,890
		サービス活動外増減差額	△ 2,768
		経常増減差額	10,261
特別増減の部	収益	施設整備等補助金収益	3,500
		特別収益計	3,500
	費用	固定資産売却損・処分損	25
		国庫補助金等特別積立金積額	3,500
		特別費用計	3,525
		特別増減差額	△ 25
		当期活動増減差額	10,236
繰越活動増減差額の部		前期繰越活動増減差額	122,364
		当期末繰越活動増減差額	132,600
		基本金取崩額	－
		その他の積立金取崩額	－
		その他の積立金積立額	－
		次期繰越活動増減差額	132,600

（1）

（ア）		（オ）	
（イ）		（カ）	
（ウ）		（キ）	
（エ）			

（2）

分析指標	N法人	平均値
利用率	94.0%	94.0%
利用者1人1日当たりサービス活動収益	千円	11千円
人件費率	%	64.7%
経費（＝事業費＋事務費）率	%	27.6%
減価償却費率	%	3.7%
年間平均従事者数	65.0名	74.7名
従事者1人当たりサービス活動収益	千円	6,975千円
付加価値額	千円	－
労働（　ウ　）性	千円	4,789千円
労働分配率	%	94.2%
総資産回転率	回	0.35回
（　カ　）比率	%	84.8%
流動比率	%	402.1%
（　キ　）	92.0%	80.1%

※「平均値」は、全国の特別養護老人ホーム（定員100名以上）の平均値である。

（3）

> 　財務分析の結果、N法人が最も改善すべきポイントは、（　ク　）性であると言える。
>
> 　利用率は平均値と同じであり、利用者1人1日当たりサービス活動収益は平均値より高いため、（　ア　）性に特段の問題はないと考えられる。また、従事者1人当たりサービス活動収益も労働（　ウ　）性も平均値より高いため、（　ウ　）性にも問題はないと考えられる。また、人件費率は平均値と同程度であるが、経費率が平均値より高くなっていることから、サービス活動費用全体の削減も必要である。
>
> 　しかし、（　ク　）性については、平均値との乖離が一番大きく、早急な改善が望ましいと考える。当期活動増減差額はプラスとなっているが、貸借対照表と事業活動計算書から、資金収支計算書の「当期資金収支差額」を想定すると、下記のとおり、マイナスとなる。現状維持であれば、毎期支払資金が減少し、資金不足に陥る可能性がある。
>
> 　※当期活動増減差額 10,236 千円＋非資金項目（減価償却費 43,782 千円－国庫補助金等特別積立金取崩額 24,080 千円＋国庫補助金等特別積立金積立額 3,500 千円）－設備資金借入金返済額 43,300 千円＝当期資金収支差額△ 9,862 千円

3

財務分析

（ク）	

認定こども園が増えている！

　「認定こども園」とは、2006 年に就学前の児童が通う施設として、「幼稚園」「保育所」に加え 3 つ目の選択肢として、内閣府によって導入された施設です。

　もともと、幼稚園は 3 歳にならないと利用できないので、3 歳未満の子供を預けて働く家庭では、必然的に保育所を選択せざるを得ませんでした。

　また、幼稚園では標準利用時間が 1 日 4 時間程度なので、フルタイムでの共働きの場合もやはり保育所という選択肢しかなかったのです。

　しかし、3 つ目の選択肢として登場した認定こども園は、幼児教育を主体とする幼稚園と、児童福祉としての保育主体である保育所の、両方の良さを兼ね備えていると言われています。

　また、認定こども園は「待機児童」問題の解消にも期待されています。

　専業主婦世帯と共働きの世帯の割合は、2000 年にほぼ同数となり、2020 年には共働きの世帯が専業主婦の世帯の 2 倍以上になっています（厚生労働白書より）。

　育児休暇制度の導入などにより、出産しても働き続ける選択をする女性が圧倒的に増えてきた中で、認定こども園の存在は、共働き世帯の救世主となるのでしょうか？

資料：内閣府

第4章

社会福祉充実計画

❶ 社会福祉充実残額
❷ 社会福祉充実計画

　　社会福祉法人が保有する財産については、すべての財産から事業継続に必要な財産（控除対象財産）を控除した、再投下対象財産（社会福祉充実残額）を明確にすることが要求されています。

　　そして社会福祉充実残額が生じた場合には、その使途として社会福祉充実計画を策定し、これに従った社会福祉充実事業を実施しなければならないことになります。

　　これは、社会福祉充実残額が主として税金や保険料といった公費を原資とするものであることから、社会福祉法人はその貴重な財産を活用して既存事業をより充実させたり、地域住民の福祉に資する新事業に活用すべきだと考えられているためです。加えて、社会福祉充実計画の策定プロセスを通じ、その使途について、国民に対する社会福祉法人の説明責任の強化を図る必要があるためです。

1 社会福祉充実残額

社会福祉法人における内部留保

　営利企業（株式会社など）が事業活動を通じて獲得した利益は、繰越利益剰余金として純資産に計上され、そこから株主に配当を行います。

　しかし、100万円の利益が出ても、全額を配当金として株主に還元するのではなく、事業の再投資や拡大、将来の損失に備えて、利益の一部を配当せずに企業内に蓄えておくのが一般的です。このように**獲得した利益の一部を企業内に留保**することを「**内部留保**」といいます。

　では、社会福祉法人で考えてみましょう。

　事業活動を通じて獲得した利益にあたるものは、純資産の次期繰越活動増減差額として計上されます。しかし、社会福祉法人では営利企業とは異なり、株主は存在せず、配当も行われません。したがって、社会福祉法人が獲得した活動増減差額は、営利企業のように配当として社外に流出することなく、社会福祉法人の純資産に蓄積され続けます。そのため、社会福祉法人では純資産から基本金と国庫補助金等特別積立金を差し引いた部分が「内部留保」にあたり、赤字にならない限り内部留保にあたる金額は増え続けることになります。

社会福祉充実残額

社会福祉法人の「内部留保」について、明瞭に把握ができなかったり、多く蓄えておきながら事業拡大に消極的だったりと、さまざまな批判がなされてきました。また、社会福祉法人としての不適切な経営などが指摘される中、平成28年3月に社会福祉法が改正されました。

この改正によって、**「純資産の額（資産の額－負債の額）」**が**「事業継続に必要な財産の額」を超える場合**には過度に内部留保が存在することから、その超過額を「社会福祉充実残額」とし、既存事業の充実または新規事業の実施計画などをまとめた「社会福祉充実計画」を作成し、所轄庁の承認を得なければならないこととなりました。

元が税金などのため財産が余りすぎている場合には、社会福祉事業をより充実させるために、その財産を有効に活用する計画を立てる必要があります。

社会福祉充実残額の算定

社会福祉充実残額の算定方法は、**「社会福祉充実計画の承認等に係る事務処理基準」**に規定されており、貸借対照表等の計算書類を用いて、全ての社会福祉法人が公平かつ簡素に算定することができるようにされています。

この算定方法では社会福祉充実残額を活用可能な財産（Ⓐ）から事業継続に必要な最低限の財産である控除対象財産（Ⓑ）を差し引いた**再投下対象財産**としています。

特に指示がなく、複数の方法が選択できる場合は、**社会福祉充実残額が最も少なくなる方法を採用**します。

社会福祉充実残額の算定は、毎会計年度行わなければなりません。

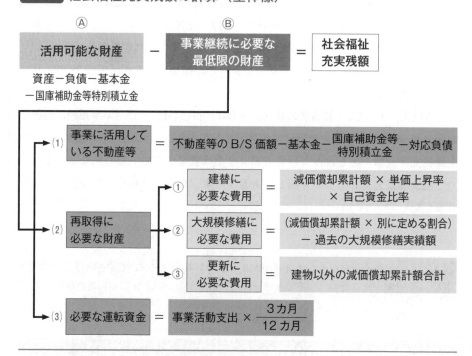

point 社会福祉充実残額の計算（全体像）

社会福祉充実残額の計算の概要は以下のとおりです。

Ⓐ活用可能な財産

資産と負債の差額から基本金と国庫補助金等特別積立金を控除した金額です。

活用可能な財産＝資産－負債－基本金－国庫補助金等特別積立金

この計算によって、過去の活動増減差額の累積、すなわち内部留保に相当する金額が計算されます。

Ⓑ事業継続に必要な最低限の財産の金額

事業継続に必要な最低限の財産の金額を内部留保としておくことは法人の健全な経営維持や不測の事態に備えるために必要なものであるため、社会福祉法の趣旨に照らして社会福祉充実残額の計算上、控除されます。

(1) 事業に活用している不動産等

社会福祉法に基づく事業に活用している不動産等の金額は、財産目録に基づいて特定した「社会福祉事業に必要な不動産等に係る貸借対照表価額」として計算されるもので、活用可能な財産の計算との重複を調整することから、これらに対応する基本金・国庫補助金等特別積立金と、それに対応する負債の金額を控除して計算されるものです。

これは、過去の内部留保を活用して社会福祉法に基づく事業にすでに投下されている金額を意味するので、社会福祉充実残額の計算から控除されます。

(2) 再取得に必要な財産

再取得に必要な財産とは、将来的な建て替えや大規模修繕のための費用を賄うために確保されている財産です。具体的には、以下の3つが該当します。

①建替に必要な費用
②大規模修繕に必要な費用
③更新に必要な費用

こうした建替えや修繕、設備の更新のために確保されている内部留保は、法人が長期にわたって健全に経営するために必要なものですから、社会福祉充実残額の計算上、控除されます。

(3) 必要な運転資金

突発的な事象に備えて内部留保しておくことも、法人の健全な経営には必要なものです。そこで、年間事業活動支出の3ヶ月分に相当する金額も、社会福祉法計算上、控除されます。

以上をまとめると、社会福祉充実残額の計算は以下のように表わせます。

> **社会福祉充実残額＝Ⓐ活用可能な財産－Ⓑ事業継続に必要な最低限の財産**

なお、実際の計算には、厚生労働省が配布している「社会福祉充実残額算定シート」に必要な情報をパソコンの表計算ソフトで入力して計算するのが一般的です。

2 社会福祉充実計画

社会福祉充実計画とは

社会福祉充実残額が生じる場合には、社会福祉充実計画を策定し、所轄庁の承認を得た上で、この計画に従って、地域の福祉ニーズ等を踏まえつつ、当該財産を計画的かつ有効に再投下していくこととなります。（社会福祉法第 55 条の 2）

これは、社会福祉法人が社会福祉充実残額の再投下を進めていく上で、地域住民等に対し、その使途を「見える化」する目的があります。

社会福祉充実計画に盛り込むべき社会福祉充実残額の使途について、社会福祉法人における検討順位は、第 1 順位に社会福祉事業、第 2 順位に地域公益事業、第 3 順位に公益事業とし、既存事業の充実又は新規事業の実施（例：職員の処遇改善、新規人材の雇入れ、建物の建替等）に係る費用に活用すべきこととされています。

また、社会福祉充実計画を策定する必要がある社会福祉法人は、**毎会計年度終了後 3 か月以内（6 月 30 日まで）に、計算書類等と併せて所轄庁へ申請することが必要**です。

第 1 順位：社会福祉事業
職員処遇改善、新たな人材の雇入れ、既存建物の建替など

社会福祉
充実残額

第 2 順位：地域公益事業
単身高齢者の見守り、移動支援など

第 3 順位：公益事業
介護人材の養成事業、ケアマネジメント事業、配食事業など

地域公益事業とは

　地域公益事業は、社会福祉充実残額を活用し、「日常生活又は社会生活上の支援を必要とする事業区域の住民に対し、無料又は低額な料金で、その需要に応じた福祉サービスを提供する」もので、具体的な取り組みとして、以下のものが挙げられます。

- ・さまざまなニーズに対応した、分野横断的かつ包括的なワンストップ相談支援拠点の設置
- ・現時点では自立している単身高齢者に対する見守り等その孤立死防止のための事業
- ・公的サービスの利用ができない者に対するゴミ出しや買い物等の軽度日常生活支援
- ・高齢者や障害者、子ども、地域住民等の共生の場づくり
- ・緊急一時的に支援が必要な者に対する宿所や食料の提供、資金の貸付け
- ・貧困家庭の子どもに対する奨学金の貸与と、自立に向けた継続的な相談支援
- ・仕事と介護や子育ての両立に向けた支援
- ・地域課題を踏まえた障害者等の職場づくり
- ・中山間地域等における移動困難者に対する移送支援
- ・高齢者や障害者等に対する権利擁護支援
- ・災害時要援護者に対する支援体制の構築

社会福祉充実計画の策定の流れ

社会福祉充実残額の発生から事業実施に至るまでの流れを示しておきます。

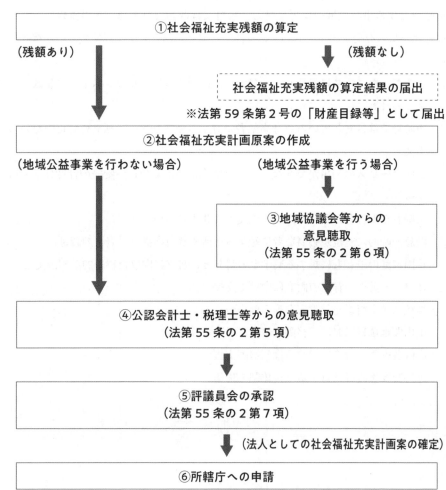

①社会福祉充実残額の算定

（残額あり）　　　　　　　　　　　（残額なし）

社会福祉充実残額の算定結果の届出

※法第 59 条第 2 号の「財産目録等」として届出

②社会福祉充実計画原案の作成

（地域公益事業を行わない場合）　　（地域公益事業を行う場合）

③地域協議会等からの
意見聴取
（法第 55 条の 2 第 6 項）

④公認会計士・税理士等からの意見聴取
（法第 55 条の 2 第 5 項）

⑤評議員会の承認
（法第 55 条の 2 第 7 項）

（法人としての社会福祉充実計画案の確定）

⑥所轄庁への申請

（承認社会福祉充実計画の確定）

⑦計画に基づく事業実施

③地域協議会等からの意見聴取は、地域公益事業を行う場合のみ必要になります。

社会福祉充実計画のポイント

各項目における社会福祉充実計画のポイントは以下になります。

事　　項	社会福祉充実計画のポイント
計画の記載内容	① 法人の基本情報 ② 社会福祉充実残額の推移 ③ 各年度における事業概要及び事業費 ④ 資金計画 ⑤ 事業の詳細　等
計画の実施期間等	**原則5年**で社会福祉充実残額の全額を再投下。 これが難しい合理的な理由がある場合は、計画の実施期間を10年まで延長可。 また、実施期間の範囲で、事業の開始時期や終了時期、事業費は法人が任意に設定。
計画に位置付けるべき事業の種類	以下の順に、その実施を検討し、実施する事業の概要、事業費積算等を記載。 ① 社会福祉事業又は公益事業（社会福祉事業に類する小規模事業） ② 地域公益事業（日常生活又は社会生活上の支援を必要する住民に対し、無料又は低額な料金で、その需要に応じた福祉サービスを提供する事業） ③ ①及び②以外の公益事業
計画の公表	計画を策定し、所轄庁に承認を受けた場合等には、法人のホームページ等において公表。 また、当該計画による事業の実績についても、毎年度公表に努める。

社会福祉充実計画の様式

社会福祉充実計画に関する書類を示すと次のようになります。

令和○年度～令和○年度　社会福祉法人○○　社会福祉充実計画

1．基本的事項

法人名			法人番号						
法人代表者氏名									
法人の主たる所在地									
連絡先									
地域住民その他の関係者への意見聴取年月日									
公認会計士、税理士等の意見聴取年月日									
評議員会の承認年月日									
会計年度別の社会福祉充実残額の推移（単位：千円）	残額総額（令和○年度末現在）	1か年度目（令和○年度末現在）	2か年度目（令和○年度末現在）	3か年度目（令和○年度末現在）	4か年度目（令和○年度末現在）	5か年度目（令和○年度末現在）	合計	社会福祉充実事業未充当額
うち社会福祉充実事業費（単位：千円）								
本計画の対象期間								

２．事業計画

実施時期	事業名	事業種別	既存・新規の別	事業概要	施設整備の有無	事業費
1か年度目						
	小計					
2か年度目						
	小計					
3か年度目						
	小計					
4か年度目						
	小計					
5か年度目						
	小計					
合計						

※　欄が不足する場合は適宜追加すること。

3．社会福祉充実残額の使途に関する検討結果

検討順	検討結果
① 社会福祉事業及び 公益事業（小規模事業）	
② 地域公益事業	
③ ①及び②以外の公益事業	

4．資金計画

事業名	事業費内訳		1か年度目	2か年度目	3か年度目	4か年度目	5か年度目	合計
	計画の実施期間に おける事業費合計							
	財源構成	社会福祉充実 残額						
		補助金						
		借入金						
		事業収益						
		その他						

※ 本計画において複数の事業を行う場合は、2．事業計画に記載する事業の種類ごとに「資金計画」を作成すること。

5．事業の詳細

事業名	
主な対象者	
想定される対象者数	
事業の実施地域	
事業の実施時期	令和○年○月○日～令和○年○月○日
事業内容	
事業の 実施スケジュール	1か年度目
	2か年度目
	3か年度目
	4か年度目
	5か年度目

事業費積算 （概算）	
	合計	○○千円（うち社会福祉充実残額充当額○○千円）
地域協議会等の意見と その反映状況	

※　本計画において複数の事業を行う場合は、２．事業計画に記載する事業の種類ごとに「事業の詳細」を作成すること。

６．社会福祉充実残額の全額を活用しない又は計画の実施期間が５か年度を超える理由

確認テスト

答え：P.124

❶ 社会福祉充実計画について述べた次の文章を読み、正しいものには○を、間違っているものには×をつけなさい。

①社会福祉充実計画原案について、地域協議会等からの意見聴取が行われなければならない。

②社会福祉充実計画において、収益事業を行うことができる。

③社会福祉充実計画は、原則として、社会福祉充実残額を算定した会計年度の翌会計年度から10年で社会福祉充実残額の全額を再投下する内容としなければならない。

④社会福祉充実計画の実施期間中は、社会福祉充実残額を算定する必要はない。

⑤社会福祉充実残額の算定は、法人全体としてではなく、施設種別単位で算定することとされている。

答案用紙

①	②	③	④	⑤

深刻な2040年問題……

「**2040年問題**」という言葉をご存じでしょうか?

少子高齢化が進み、2040年には65歳以上の高齢者が4,000万人近くに達する見込みとなり、全人口の約36%が高齢者ということになります。

一方で少子化はどんどん進んでいて、2021年の出生数は81万人であり、ピーク時であった1970年代の出生数200万人から比較すると半分以下となってしまいました。

この現状を踏まえ、2040年には

・社会保障費の財源不足

・医療、福祉従事者の人材不足

といった深刻な問題が起こると予測されています。これがいわゆる「2040年問題」なのです。

この問題を解決するための方策の1つが「年金改革」です。

健康で元気な高齢者の方々には、積極的に就労を促し、年金を受取る側から納める側になってもらおう、ということですね。

皆さんも、某ハンバーガーショップで元気に働いていらっしゃる高齢者の方々を見かけたことがあるのではないでしょうか? 高齢者の方々がとても楽しそうに活き活きとお仕事をされているのを拝見してびっくりする気持ちと同時に、「自分も長く現役で頑張りたいなぁ……」と思います。

このような背景から、積極的に高齢者の再就職を受け入れている企業がどんどん増えているようです。

人生100年時代、そのうち「高齢者」の年齢の定義も変わるかもしれませんね……。

 まだまだ現役だぁ!!

巻末

確認テスト　　解答解説
サンプル問題　解答解説

第1章

損益分岐点分析と意思決定

問題：P.19

解答

❶

目標製造販売個数	5,563　個
目標売上高	24,032,160　円

❷

（1）＜1＞

①	15,000	②	10,260
③	4,140	④	14,000
⑤	3,740	⑥	10,260

＜2＞

⑦	15,000	⑧	1,000
⑨	10,260	⑩	3,740

（2）

（ア）	差額原価	（イ）	埋没原価
（ウ）	機会原価		

解説

❶

まず、条件変更による各金額を計算します。

①販売価格：4,320円

＊ 4,200円＋120円＝4,320円

②1個当たりの材料費（変動費）：2,376円

＊ 12,000,000円÷5,000個＝2,400円

2,400円×0.99 ＝ 2,376円

③人件費（固定費）：7,650,000円

＊ 7,500,000円×1.02 ＝ 7,650,000円

④諸経費（固定費）：1,164,000円

＊ 1,200,000円×0.97 ＝ 1,164,000円

条件変更による製品の販売価格等をまとめると以下になります。

販売価格	4,320円
1個当たりの材料費（変動費）	2,376円
1個当たりの限界活動増減差額	1,944円＊
人件費（固定費）	7,650,000円
諸経費（固定費）	1,164,000円
目標活動増減差額	2,000,000円

＊ 4,320円－2,376円＝1,944円

目標製造販売個数

固定費である人件費と諸経費、目標活動増減差額の合計額を1個当たりの限界活動増減差額の1,944円で割ることで目標製造販売個数を計算します。

・固定費である人件費と諸経費、目標活動増減差額の合計額

7,650,000円（③）＋1,164,000円（④）＋2,000,000円（目標活動増減差額）＝10,814,000円

・目標製造販売個数

10,814,000円÷1,944円（限界活動増減差額）＝5,562.75720…個

目標活動増減差額の2,000,000円を超えるためには5,562.75720…個以上の販売が必要なため、目標製造販売個数は5,563個となります。

目標売上高

販売価格×目標製造販売個数＝目標売上高となるため、

4,320 円× 5,563 個＝ 24,032,160 円

＜ 1 ＞

問題文から下記の表を完成させます。

（単位：円）

差額概念による確認	惣菜に加工	生のまま販売	差額
売上高（その他の部位）	15,000 [*1]	1,000	14,000
原価配分額	600	600	0 [*3]
追加加工費・人件費	10,260 [*2]	0	10,260 [*4]
損益	4,140	400	3,740

すなわち

差額収益	14,000
差額原価	10,260 [*5]
差額利益（活動増減差額）	3,740

＊ 1　問題文オとカより、500 円×合計 30 パック＝ 15,000 円となる。

＊ 2　問題文キとクより、作業時間は 30 パック× 3 分＝ 90 分（1.5 時間）となり、

　　　9,000 円＋ 1.5 時間× 840 円＝ 10,260 円となる。

＊ 5　＊ 3（原価配分額の差額）と＊ 4（追加加工費・人件費の差額）の合計

その他の数値は、差額で出します。

＜ 2 ＞

就労支援事業収益	15,000
就労支援事業販売原価	
機会原価	1,000 [*6]
追加加工費等	10,260 [*7]
活動増減差額	3,740

＊ 6　機会原価：惣菜に加工することを選択した場合、生のまま販売するときに得られた収

　　　益額になります。そのため、1,000 円となります。

＊ 7　追加加工費等：惣菜に加工した場合にかかる費用になります。

第2章

中長期計画の作成

問題：P.47

解答

（1）

(ア)	148,330	千円
(イ)	45,090	千円
(ウ)	34,920	千円
(エ)	7,800	千円

（2）

T法人の要約貸借対照表
令和13年3月31日現在

（単位：千円）

現　金　預　金	(93,600)	事　業　未　払　金	29,780
事　業　未　収　金	80,053	1年以内返済予定設備資金借入金	0
未　収　補　助　金	2,690	設　備　資　金　借　入　金	0
その他の流動資産	4,500	その他の固定負債	7,980
土　地（基本財産）	85,705	基　　　本　　　金	88,705
建物（基本財産）	(111,420)	国庫補助金等特別積立金	(66,852)
車　輌　運　搬　具	(1,500)	施設設備整備積立金	(181,782)
施設設備整備積立資産	(181,782)	次期繰越活動増減差額	(196,231)
その他の固定資産	10,080		
資　産　の　部　合　計	(571,330)	負債及び純資産の部合計	(571,330)

10 年間の支払資金残高の増加額	4,318	千円
10 年間の施設設備整備積立金積立額の合計額	146,382	千円

（3）

　T法人は、令和 12 年度末時点で、施設の建替えに必要な自己資金 180,000 千円を確保することが（　できる　）。

　減価償却費の機能には、①貸借対照表に計上される資産が減価を反映した価額となる「資産評価」機能、②事業活動計算書に固定資産取得支出を費用の発生として取り込む「事業活動成果評価」機能、③②の結果、減価償却費相当額の資金が法人内部に蓄えられる「（　自己金融　）」機能の 3 つがある。

解説

❶

（1）

（ア）令和 3 年度〜 12 年度末までの 10 年間（以下、同じ）の当期活動増減差額の合計額

【資料 2】

①令和 3 年度以降のサービス活動収益は下記のとおり（単位：千円）であるとする。またサービス活動収益対経常増減差額比率は 3.5％とする。

令和 3 年度	令和 4 年度	令和 5 年度	令和 6 年度	令和 7 年度	令和 8 年度以降
418,000	420,000	421,800	423,400	424,800	426,000

上記、問題文①より、サービス活動収益対経常増減差額比率は 3.5％とあることから、経常増減差額÷サービス活動収益× 100％＝ 3.5 となります。

令和 3 年度〜令和 12 年度の 10 年間のサービス活動収益の合計額は、

418,000 ＋ 420,000 ＋ 421,800 ＋ 423,400 ＋ 424,800 ＋ 426,000 × 5 年間＝ 4,238,000 千円となり、この合計額を使って経常増減差額を計算します。

経常増減差額÷ 4,238,000 千円× 100％＝ 3.5

経常増減差額＝ 148,330 千円

②令和３年度以降の特別増減の部の特別増減差額はないものとする。

　上記、問題文②より、特別増減差額がないことから、経常増減差額が当期活動増減差額となることから、148,330千円が解答となります。

（イ）10年間の減価償却費の合計額と国庫補助金等特別積立金取崩額の合計額との差額

　まず減価償却費に関係するものは、④の建物と⑤の車輌運搬具です。また、国庫補助金等特別積立金取崩額は④の建物のみです。それぞれを丁寧に計算しましょう。

＜建物＞
建物の減価償却費：450,000千円 × 0.9 × 0.022 × 10年間 ＝ 89,100千円
国庫補助金等特別積立金取崩額：270,000千円 × 0.9 × 0.022 × 10年間
　　　　　　　　　　　　　　　　＝ 53,460千円

＜車輌運搬具＞減価償却するのは、下記の３つです。
・令和３年３月31日のB/Sに計上されている 3,150千円
・令和６年10月に取得する 3,800千円
・令和10年10月に取得する 4,000千円のうち、令和13年３月31日までの
　（２年半）：4,000千円 × 0.250 × 2.5年 ＝ 2,500千円
３つの合計額は 9,450千円となります。
減価償却費の合計：89,100千円 ＋ 9,450千円 ＝ 98,550千円
解答は、98,550千円 － 53,460千円 ＝ 45,090千円

（ウ）10年間の設備資金借入金元金償還支出の合計額

　問題文⑦より、10年後には設備資金借入金の返済は完了していることから令和３年３月における借入残高 34,920千円が解答となります。

（エ）10年間の固定資産取得支出の合計額

　10年間で固定資産の取得は、下記の２つの車輌運搬具のみです。
・令和６年10月に取得する 3,800千円
・令和10年10月に取得する 4,000千円
3,800千円 ＋ 4,000千円 ＝ 7,800千円

（2）

10年間の支払資金残高の増加額

令和13年3月31日の支払資金から令和3年3月31日の支払資金を引くことで算定します。

令和3年3月31日B/Sにおける支払資金：

$$87,408 + 77,049 + 2,520 + 4,500 - 24,732 = 146,745 千円$$

現金預金　事業未収金　未収補助金　その他の流動資産　事業未払金

令和13年3月31日B/Sにおける支払資金：

$$93,600 + 80,053 + 2,690 + 4,500 - 29,780 = 151,063 千円$$

現金預金　事業未収金　未収補助金　その他の流動資産　事業未払金

$$151,063 千円 - 146,745 千円 = 4,318 千円$$

令和13年3月31日B/S　令和3年3月31日B/S

10年間の施設設備整備積立金積立額の合計額

まず10年間の支払資金増加額を計算します。支払資金の増加額は、当期活動増減差額に減価償却費（国庫補助金等特別積立金取崩額を控除）を加算し、そこから借入金返済支出と固定資産取得支出を控除して計算します。

そのため、10年間の支払資金増加額は、（1）の（ア）～（エ）を使って、次のように計算します。

　　（ア）＋（イ）－（ウ）－（エ）＝10年間の支払資金増加額

これを計算すると150,700千円となります。

次に、問題文③より、10年間の支払資金増加額から10年間の支払資金残高の増加額を控除した額が、施設設備整備積立金として積み立てる額になります。

　　$$150,700 千円 - 4,318 千円 = 146,382 千円$$

＜B/Sの数値＞

現金預金：問題文③より、93,600千円となる。

建物（基本財産）：200,520千円 － 89,100千円 ＝ 111,420千円

令和3年3月31日のB/S　10年間の減価償却費

車輌運搬具：4,000千円 － 2,500千円 ＝ 1,500千円

令和10年10月取得　2.5年間の減価償却費

施設設備整備積立資産：35,400千円 ＋ 146,382千円 ＝ 181,782千円

令和3年3月31日のB/S　10年間の施設設備整備積立金積立額の合計額

国庫補助金等特別積立金：120,312 千円－ 53,460 千円＝ 66,852 千円
　　　　　　　　　　　令和3年3月31日のB/S　　10年間の取崩額

施設設備整備積立金：35,400 千円＋　　 146,382 千円　　 ＝ 181,782 千円
　　　　　　　　　令和3年3月31日のB/S　 10年間の施設設備整備積立金積立額の合計額

次期繰越活動増減差額：194,283 千円＋　 148,330 千円
　　　　　　　　　　　令和3年3月31日のB/S　 10年間の当期活動増減差額の合計額
　　　　　　　　　　－　　 146,382 千円　　 ＝ 196,231 千円
　　　　　　　　　　　10年間の施設設備整備積立金積立額の合計額

（3）
施設設備整備積立資産に 181,782 千円あることから、施設の建替えに必要な自己
資金 180,000 千円を確保できる。

第3章

財務分析

問題：P.86

解答

(1)

（ア）	機能	（オ）	サービス活動収益
（イ）	費用の適正	（カ）	純資産
（ウ）	生産	（キ）	固定長期適合率
（エ）	安定		

(2)

分析指標	N法人	平均値
利用率	94.0%	94.0%
利用者1人1日当たりサービス活動収益	17千円	11千円
人件費率	64.6%	64.7%
経費（＝事業費＋事務費）率	29.8%	27.6%
減価償却費率	3.4%	3.7%
年間平均従事者数	65.0名	74.7名
従事者1人当たりサービス活動収益	8,978千円	6,975千円
付加価値額	390,072千円	－
労働（　ウ　）性	6,001千円	4,789千円
労働分配率	96.7%	94.2%
総資産回転率	0.70回	0.35回

（　カ　）比率	59.7%	84.8%
流動比率	184.7%	402.1%
（　キ　）	92.0%	80.1%

※「平均値」は、全国の特別養護老人ホーム（定員 100 名以上）の平均値である。

（3）

　　財務分析の結果、N法人が最も改善すべきポイントは、（　ク　）性であると言える。

　　利用率は平均値と同じであり、利用者 1 人 1 日当たりサービス活動収益は平均値より高いため、（　ア　）性に特段の問題はないと考えられる。また、従事者 1 人当たりサービス活動収益も労働（　ウ　）性も平均値より高いため、（　ウ　）性にも問題はないと考えられる。また、人件費率は平均値と同程度であるが、経費率が平均値より高くなっていることから、サービス活動費用全体の削減も必要である。

　　しかし、（　ク　）性については、平均値との乖離が一番大きく、早急な改善が望ましいと考える。当期活動増減差額はプラスとなっているが、貸借対照表と事業活動計算書から、資金収支計算書の「当期資金収支差額」を想定すると、下記のとおり、マイナスとなる。現状維持であれば、毎期支払資金が減少し、資金不足に陥る可能性がある。

　　※当期活動増減差額 10,236 千円＋非資金項目（減価償却費 43,782
　　　千円－国庫補助金等特別積立金取崩額 24,080 千円＋国庫補助金等
　　　特別積立金積立額 3,500 千円）－設備資金借入金返済額 43,300 千
　　　円＝当期資金収支差額△ 9,862 千円

（ク）	安定

❶

（1）

(1)安定性（安全性）	(2)費用の適正性	(3) 生 産 性	(4)効率性（収益性）
① 純 資 産 比 率	① 人 件 費 率	① 従事者1人当たり サービス活動収益	① サービス活動収益対 サービス活動増減差額比率
② 固定長期適合率	② 経 費 率	② 労 働 生 産 性	② 経 常 収 益 対 経常増減差額比率
③ 流 動 比 率	③ 減価償却費率	③ 労 働 分 配 率	③ 総資産経常増減差額比率
④ 償 還 財 源 対 長期借入金元金償還額比率	④ 従事者1人当たり人件費		④ 総資産サービス活動増減差額比率
⑤ 借 入 金 比 率	⑤ 経常収益対支払利息率		⑤ 総 資 産 回 転 率
⑥ 債 務 償 還 年 数			⑥ 固 定 資 産 回 転 率

(5) 成 長 性	(6) 機 能 性		
それぞれの数値の 対前年比増加率など	特別養護老人ホーム	保育所・認定こども園	障害福祉サービス （日中活動系サービス）
	① 利 用 率	① 利 用 率	① 利 用 率
	② 要 介 護 度	② 3歳未満児比率	② 障 害 支 援 区 分
	③ 定員1人当たり サービス活動収益	③ 3歳児比率(1号認定)	③ 利用者1人1日当たり サービス活動収益
	④ 利用者1人1日当たり サービス活動収益	④ 児童1人1月当たり サービス活動収益	④ 利用者10人当たり従事者数
	⑤ 利用者10人当たり従事者数	⑤ 児童10人当たり従事者数	

・人件費率

$$\text{人件費率} = \frac{\text{人 件 費}}{\text{サービス活動収益}} \times 100 \, (\%)$$

・純資産比率

$$\text{純資産比率} = \frac{\text{純 資 産}}{\text{総 資 産}} \times 100 \, (\%) \qquad \begin{array}{l} \text{高} \; ☺ \\ \text{低} \; ☹ \end{array}$$

・固定長期適合率

$$固定長期適合率 = \frac{固　定　資　産}{（純資産＋固定負債）} \times 100 \ （\%）$$

高 ☹
低 ☺

（2）

利用率

$$利用率 = \frac{年間延べ利用者数}{年　間　延　べ　定　員　数} \times 100 \ （\%）$$

高 ☺
低 ☹

まず利用率を使って、年間延べ利用者数を計算します。

年間延べ利用者数÷（100 名× 365 日（年間延べ定員数））× 100％＝ 94.0％

年間延べ利用者数＝ 34,310 名

利用者 1 人 1 日当たりサービス活動収益

$$利用者1人1日当たりサービス活動収益 = \frac{サービス活動収益}{年間延べ利用者数}$$

高 ☺
低 ☹

583,587 千円÷ 34,310 名＝ 17.0 → 17 千円

人件費率

$$人件費率 = \frac{人　件　費}{サービス活動収益} \times 100 \ （\%）$$

377,043 千円÷ 583,587 千円× 100％＝ 64.60 → 64.6％

経費率

$$経費率 = \frac{経費（事業費＋事務費）}{サ ー ビ ス 活 動 収 益} \times 100 \ （\%）$$

（82,985 千円＋ 90,768 千円）÷ 583,587 千円× 100％＝ 29.77 → 29.8％

減価償却費率

$$減価償却費率＝\frac{\begin{array}{c}減 \quad 価 \quad 償 \quad 却 \quad 費\\ ＋国庫補助金等特別積立金取崩額［マイナス値］\end{array}}{サ ー ビ ス 活 動 収 益} × 100 （\%）$$

（43,782 ＋△ 24,080）÷ 583,587 千円× 100％＝ 3.37 → 3.4％

従事者1人当たりサービス活動収益

$$従事者1人当たりサービス活動収益＝\frac{サービス活動収益}{年間平均従事者数}$$

 高 ☺ 低 ☹

583,587 千円÷ 65.0 名＝ 8,978.2 → 8,978 千円

付加価値

付加価値額＝サービス活動収益－（事業費＋事務費＋減価償却費－国庫補助金等
特別積立金取崩額＋徴収不能額）

583,587 － （82,985 ＋ 90,768 ＋ 43,782 － 24,080 ＋ 60）＝ 390,072 千円

労働生産性

$$労働生産性＝\frac{付 加 価 値 額}{年間平均従事者数}$$

高 ☺ 低 ☹

390,072 千円÷ 65.0 名＝ 6,001.1 → 6,001 千円

労働分配率

$$労働分配率＝\frac{人 \quad 件 \quad 費}{付加価値額} × 100 （\%）$$

377,043 千円÷ 390,072 千円× 100％＝ 96.65 → 96.7％

総資産回転率

583,587 千円 ÷ 834,366 千円 ＝ 0.699 → 0.70 回

純資産比率

498,240 千円 ÷ 834,366 千円 × 100% ＝ 59.71 → 59.7%

流動比率

流動比率＝	流 動 資 産	× 100 （%）	高 ☺
	流 動 負 債		低 �×

133,549 千円 ÷ 72,292 千円 × 100% ＝ 184.73 → 184.7%

第4章

社会福祉充実計画

問題：P.107

解答

1

①	②	③	④	⑤
×	×	×	×	×

解説

1

①地域公益事業を行わない場合は、地域協議会等からの意見聴取は必要ない。

②社会福祉充実計画において、収益事業を行うことはできない。

③社会福祉充実計画は、原則として、社会福祉充実残額を算定した会計年度の翌会計年度から5年で社会福祉充実残額の全額を再投下する内容としなければならない。ただし、これが難しい合理的な理由がある場合は、計画の実施期間を10年まで延長可。

④社会福祉充実計画の実施期間中であっても、毎会計年度必ず社会福祉充実残額を算定する必要がある。

⑤社会福祉充実残額の算定は、施設種別単位ではなく、法人全体として算定することとされている。

サンプル問題

解答 総合福祉研究会が公表している問題・標準解答をもとに、ネットスクールが作成しています。

3

（1）

①	（A）	6,500　千円
②	（B）	1,500　千円
③	（C）	1,503,000　千円
④	（D）	▲17,000　千円
	a欄	（　プラス　・　(マイナス)　）
	b欄	（　できる　・　(できない)　）
⑤		d

（2）

①	×
②	○
③	○
④	○
⑤	×

※（1）②は3点　④は（D）、（a欄b欄）各2点
　　その他の箇所　各2点

※（2）各2点

125

4

（問題１）

（１）	変動費	222 円
	固定費	756,000 円
（２）		2,001 個
（３）		42 円

（問題２）

	（１）数値	（２）視点
流動比率	234.5 ％	d
固定長期適合率	94.5 ％	d
総資産回転率	0.46 回	e
人件費率	72.8 ％	b
サービス活動収益対経常増減差額比率	1.0 ％	e

※（問題１）（１）各２点（２）（３）各３点
※（問題２）（１）各２点（２）各１点

解説

3

（1）

＜1年目から20年目までの資金収支一覧表＞

（単位：千円）

		1年目	2年目	3年目	4年目〜20年目の合計	20年間の合計
収	入	85,000	100,000	110,000	1,870,000	2,165,000
支出	人件費支出	73,000	80,000	75,000	1,275,000	（C）1,503,000
	その他経費等支出	43,000	23,000	22,000	374,000	462,000
	借入金返済支出	5,000	5,000	5,000	85,000	100,000
	施設設備整備積立資産支出	0	0	（A）6,500	110,500	117,000
運転資金		▲36,000	▲8,000	（B）1,500	25,500	（D）▲17,000

（2年目）

収入：85,000 ＋ 15,000 ＝ 100,000

人件費支出：73,000 ＋ 7,000 ＝ 80,000

その他の経費等支出：43,000 － 20,000 ＝ 23,000

（3年目）

収入：100,000 ＋ 10,000 ＝ 110,000

人件費支出：80,000 － 5,000 ＝ 75,000

その他経費等支出：23,000 － 1,000 ＝ 22,000

施設設備整備積立資産支出：$\dfrac{190,000（施設建替費用）＋ 190,000 × 30％（大規模修繕費用）}{38 年間} ＝ 6,500$

（4年目～ 20年目の合計）

各項目に対して 17（年分）を乗ずる。

資金収支一覧表より 20 年目の運転資金が▲ 17,000 であり、金額がマイナスとなることから、現在の計画では、借入金 100,000 千円の返済ができない。

⑤「20 年間平均で毎年 3,000 千円以上の運転資金を確保する」の追加条件を 20 年間の合計の運転資金に入れて、借入金返済支出を算定します。

		20 年間 の合計
収　　　　入		2,165,000
支出	人件費支出	1,503,000
	その他の経費等支出	462,000
	借入金返済支出	x
	施設設備整備 積立資産支出	117,000
運　転　資　金		60,000

借入金返済支出を x として、運転資金が 60,000 千円（20 年× 3,000 千円）となるように計算式を立てます。

$2,165,000 - (1,503,000 + 462,000 + x + 117,000) = 60,000$

これを解くと $x = 23,000$ となります。

（2）

①地域住民の参加を得ておこなう防犯活動は、社会福祉に直接関連するものではないが、地域公益事業に該当するため、実施する事業として適切である。

⑤社会福祉充実計画案は評議員会の承認後、社会福祉充実残高が生じた会計年度の翌会計年度の 6 月 30 日までに所轄庁に対して申請を行われなければならない。

4

（問題1）

（1）

変動費：「1食当たりの販売数量に比例する費用」として材料費、配送費、包装紙
　　　　 等消耗品費とあるため、変動費はこの222円となる。

固定費：「販売数量に比例しない費用」として人件費、設備維持費とあるため、
　　　　 756,000円となる。

（2）

1食当たりの限界活動増減差額が600円－222円＝378円となるため、固定費
をこの378円で割り、損益分岐点を出します。

756,000円÷378円＝2,000個

ここで注意が必要なのは、2,000食は損益分岐点のため、活動増減差額が0となり、
プラスとはなりません。そのため、プラスとなるためには、2,000食を超える2,001
食以上の販売が必要です。

（3）

販売個数が1,800個、販売価額、固定費を変更せず、活動増減差額を0として、
変動費の金額を算定します。

収　　　　　益		1,080,000
費	変　動　費	x
用	固　定　費	756,000
活 動 増 減 差 額		0

変動費をxとして、活動増減差額が0円となるように計算式を立てます。

1,080,000 － (x ＋ 756,000) ＝ 0

これを解くとx＝324,000となります。

324,000円を販売個数の1,800個で割ると、1食当たりの変動費は180円にま
で下げる必要があり、222円から180円を引いた42円を引き下げる必要があり
ます。

（問題２）

流動比率：$\underset{\text{流動資産}}{253,400} \div \underset{\text{流動負債}}{108,050} \times 100 = 234.52 \rightarrow 234.5\%$

固定長期適合率：$\underset{\text{固定資産}}{2,485,410} \div (\underset{\text{固定負債}}{360,000} + \underset{\text{純資産}}{2,270,760}) \times 100$

$= 94.47 \rightarrow 94.5\%$

総資産回転率：$\underset{\text{サービス活動収益計}}{1,255,100} \div \underset{\text{資産の部合計}}{2,738,810} = 0.458 \rightarrow 0.46$

人件費率：$\underset{\text{人件費}}{913,500} \div \underset{\text{サービス活動収益計}}{1,255,100} \times 100 = 72.78 \rightarrow 72.8\%$

サービス活動収益対経常増減差額比率：$\underset{\text{経常増減差額}}{13,150} \div \underset{\text{サービス活動収益計}}{1,255,100} \times 100$

$= 1.04 \rightarrow 1.0\%$

※サービス活動収益対経常増減差額比率については、テキストに記載はありませんが、P.53の財務分析比率の覚え方におけるタイプ２に該当するため、これに当てはめて考えます。

(1) 安定性（安全性）	(2) 費用の適正性	(3) 生 産 性	(4) 効率性（収益性）
① 純 資 産 比 率	① 人 件 費 率	① 従事者1人当たり	① サービス活動収益対
② 固定長期適合率	② 経 費 率	サービス活動収益	サービス活動増差額比率
③ 流 動 比 率	③ 減 価 償 却 費 率	② 労 働 生 産 性	② 経 常 収 益 対
④ 償 還 財 源 対	④ 従事者1人当たり人件費	③ 労 働 分 配 率	経常増減差額比率
長期借入金元金償還比率	⑤ 経常収益対支払利息率		③ 総資産経常増減差額比率
⑤ 借 入 金 比 率			④ 総資産サービス活動増減差額比率
⑥ 債 務 償 還 年 数			⑤ 総 資 産 回 転 率
			⑥ 固 定 資 産 回 転 率

(5) 成 長 性	(6) 機 能 性		
それぞれの数値の	特別養護老人ホーム	保育所・認定こども園	障害福祉サービス
対前年比増加率など			（日中活動系サービス）
	① 利 用 率	① 利 用 率	① 利 用 率
	② 要 介 護 度	② 3歳未満児比率	② 障 害 支 援 区 分
	③ 定員1人当たり	③ 3歳児比率(1号認定)	③ 利用者1人1日当たり
	サービス活動収益	④ 児童1人1月当たり	サービス活動収益
	④ 利用者1人1日当たり	サービス活動収益	④ 利用者10人当たり従事者数
	サービス活動収益	⑤ 児童10人当たり従事者数	
	⑤ 利用者10人当たり従事者数		

おわりに……

お疲れ様でした。

経営管理　財務管理編の学習はこれで修了です。

まずは試験合格に向けてサンプル問題の反復練習をしつつ、苦手な論点はテキスト本文に戻って確認する作業を繰り返しましょう。はじめは解けない問題でも、インプットとアウトプットを繰り返すことで理解が深まり、苦手な問題を克服していくことができます。

そして、経営管理合格後は、次のステップとしてぜひ会計1級にチャレンジしてください。

会計1級のレベルは以下のようになっています。

【会計1級】主に「複数施設を有する社会福祉法人における統括会計責任者・職業会計人・会計事務所職員」に必要とされる、より専門的で高度な内容を問うものとする。

また、本書で学習をされた方の中には、すでに会計1級を取得され、経営管理の試験の合格をもって会計マイスターになられる方もいらっしゃると思います。

この本で学習してくださった皆様が、みごとに試験に合格され、社会福祉法人マイスターとして、いずれ社会福祉法人の運営を支える立場となって活躍していただけたらとても嬉しいです。

ネットスクール　社会福祉法人経営実務検定試験テキスト＆トレーニング

制作スタッフ一同

索　引

⋯⋯ Memorandum Sheet ⋯⋯

······ Memorandum Sheet ······

······ Memorandum Sheet ······

...... Memorandum Sheet ......

······ Memorandum Sheet ······

······ Memorandum Sheet ······

社会福祉法人経営実務検定
書籍ラインナップ

書名	判型	税込価格（予価）	発刊年月
サクッとうかる社会福祉法人経営実務検定試験 入門 公式テキスト＆トレーニング	A5判	1,760 円	好評発売中
サクッとうかる社会福祉法人経営実務検定試験 会計3級 公式テキスト＆トレーニング	A5判	2,420 円	好評発売中
サクッとうかる社会福祉法人経営実務検定試験 会計2級 テキスト＆トレーニング	A5判	3,080 円	好評発売中
サクッとうかる社会福祉法人経営実務検定試験 会計1級 テキスト＆トレーニング	A5判	3,520 円	好評発売中
サクッとうかる社会福祉法人経営実務検定試験 経営管理 財務管理編テキスト＆トレーニング	A5判	2,420 円	好評発売中
サクッとうかる社会福祉法人経営実務検定試験 経営管理 ガバナンス編テキスト＆トレーニング	A5判	3,080 円	好評発売中

社会福祉法人経営実務検定対策書籍は全国の書店・ネットスクールWEB-SHOPをご利用ください。

ネットスクール WEB-SHOP

https://www.net-school.jp/

ネットスクール WEB-SHOP　検索

※ 書名・価格・発行年月や表紙のデザインなどは変更する場合もございますので、予めご了承ください。(2023年6月現在）

社会福祉法人経営実務検定試験
経営管理　財務管理編

サンプル問題

※試験前はガバナンス編サンプル問題と併せて
　90分で解けるようにしましょう！

ご利用方法

以下の別冊は、この紙を残したままていねいに抜き取りご利用ください。

下の図のように、別冊を開きホッチキスの針を外します。

針を外すさいは、必ず、素手ではなくドライバー等の器具をご使用ください。

なお、抜取りのさいの損傷によるお取替えはご遠慮願います。

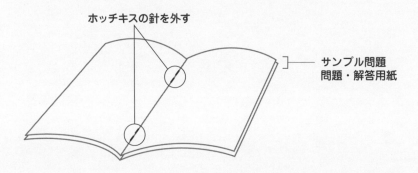

解答用紙ダウンロードサービス

解答用紙はダウンロードサービスもご利用いただけます。ネットスクールHP
（https://www.net-school.co.jp/）から「読者の方へ」にアクセスしてください。

サンプル問題

社会福祉法人経営実務検定試験

問題用紙

経営管理

経営管理サンプル問題問題用紙

試験会場番号	

（令和○年○○月○日施行）

◇問題用紙及び解答用紙の指定の欄に試験会場番号・受験番号と氏名を記入してください。

◇解答用紙には所属も記入してください。

◇受験票を机の通路側に見えるように置いてください。

3 (25点)

（1）社会福祉法人Aは地域の子育て環境の充実に向けて新たに保育所を開設することを検討している。この新しい事業が資金収支面で成り立つかどうか検討を行いたい。【資金収支計画資料】に基づき＜1年目から20年目までの資金収支一覧表＞を作成し間いに答えなさい。

【資金収支計画資料】

ア．施設建設費用は合計で290,000千円（自己資金190,000千円、銀行借入金100,000千円）である。借入金の借入期間は20年、毎年度末に5,000千円を返済する。便宜上、支払利息は考慮しない。

イ．収支の見込

（1年目）

※下記の一覧表に記載した通り。

（2年目）

・（収入）園児数増加により15,000千円増加する。

・（人件費）園児数の増加に伴う新規採用や1年目に新規採用した職員から一定の退職者が発生する等の人員の変動が予測されるため7,000千円増加する。

・（その他経費等）1年目に計上した施設の開設費用（備品購入費等）20,000千円分が減少する。年間事務サイクルが1巡したことを受けて作業手順の見直し、事務効率化に取り組むが、効果は次

経営管理サンプル問題問題用紙

＜1年目から20年目までの資金収支一覧表＞

（単位：千円）

		1年目	2年目	3年目	4年目～20年目の合計	4年目～20年間の合計
収入		85,000				
支出	人件費支出	73,000			(C)	
	その他経費等支出	43,000				
	借入金返済支出	5,000				
	施設設備整備積立資産支出	0	0	(A)		
運転資金		▲ 36,000		(B)		(D)

【問題】

① 3年目の施設設備整備積立資産への積立支出額（A）の金額を答えなさい。

（2）社会福祉法人は、毎会計年度、その保有する財産について、社会福祉充実残額を算定しなければならないこととされている。その結果、社会福祉充実残額が生じる場合には、（1）の保育所開設など社会福祉事業や公益事業を実施する社会福祉充実事業を実施することが求められている。

社会福祉充実計画について述べた次の文章を読み、正しいものには○を、間違っているものには×をつけなさい。

① 地域住民の参加を得ておこなう防犯活動は社会福祉に直接関連するものではないことから実施する事業として適切ではない。

② 現に支援を必要としていないが、将来的に支援を必要とする可能性の高い者に対する予防的な支援を行う取組は実施する事業として検討することができる。

③ 社会福祉充実計画は、原則として、社会福祉充実残額を算定した会計年度の翌会計年度から5か年度以内の範囲で、計画策定段階における社会福祉充実残額の全額について、社会福祉充実事業を実施するための内容としなければならない。

④ 社会福祉充実計画原案について、公認会計士又は税理士等の財務の専門家への意見徴収が行われなければならない。

4 （25点）

（問題1）

介護事業を営む社会福祉法人ABでは、高齢者向け食事配食サービス事業の実施を計画している。

次の資料に基づき、（1）〜（3）の問いに答えなさい。

解答する金額に端数が生じる場合は小数点以下第1位を四捨五入すること。

【食事配食サービス計画資料】

・1食当たりの販売価額　　　　　600円

・1食当たりの販売数量に比例する費用

　　材料費、配送費、包装紙等消耗品費　　222円

・販売数量に比例しない費用

　　人件費、設備維持費　　756,000円（月間）

（1）変動費、固定費の金額を答えなさい。

（2）活動増減差額がプラスとなるためには少なくとも月間何個以上販売する必要があるか答えなさい。

（3）予想される月間販売個数は1,800個である。販売価額、固定費を変更しないとした場合、活動増減差額がマイナスとならないようにするためには1食当たりの変動費を何円引き下げる必要がある

経営管理サンプル問題問題用紙

（問題2）

社会福祉法人Cの要約貸借対照表、要約事業活動計算書は次の【資料】の通りである。以下の問いに答えなさい。

【資料】

＜要約貸借対照表＞

（単位：千円）

＜流動資産＞	253,400	＜流動負債＞	108,050
現金預金	90,500	事業未払金	17,800
事業未収金	162,200	職員預り金	9,250
貯蔵品	700	1年以内返済予定設備資金借入金	40,000
＜固定資産＞	2,485,410	賞与引当金	41,000
土地（基本財産）	389,100	＜固定負債＞	360,000
建物（基本財産）	1,608,890	設備資金借入金	360,000
車輌運搬具	13,600	＜純資産＞	2,270,760
器具及び備品	103,820	基本金	167,000
人件費積立資産	370,000	国庫補助金等特別積立金	804,445
		次期繰越活動増減差額	1,299,315
資産の部合計	2,738,810	負債及び純資産の部合計	2,738,810

（1）解答欄にある各指標を計算し解答しなさい。解答は小数点以下第2位（総資産回転率について は小数点以下第3位）を四捨五入すること。

（2）（1）で解答した各指標はどのような視点に注目した指標であるか、次の【語群】から選択して答 えなさい。

【語群】

a. 機能性　b. 費用の適正性　c. 生産性　d. 安定性（安全性）　e. 効率性（収益性）　f. 成長性

経営管理サンプル問題問題用紙

注意事項

◇この問題用紙及び解答用紙の中では、「社会福祉法人会計基準」（平成 28 年 3 月 31 日／厚生労働省令第 79 号）と、「社会福祉法人会計基準の制定に伴う会計処理等に関する運用上の取扱いについて」（平成 28 年 3 月 31 日／雇児発 0331 第 15 号・社援発 0331 第 39 号・老発 0331 第 45 号）及び「社会福祉法人会計基準の制定に伴う会計処理等に関する運用上の留意事項について」（平成 28 年 3 月 31 日／雇児総発 0331 第 7 号・社援基発 0331 第 2 号・障障発 0331 第 2 号・老総発 0331 第 4 号）を総称して、「会計基準」と表記している。解答に当たっては、令和 4 年 4 月 1 日現在の「会計基準」に基づいて答えなさい。

◇問題は大問 [1] から大問 [4] まであるので注意すること。なお、問題文又は金額単位を省略して表示しているので、特に指示のない限り、金額を解答する際には単位を省略して算用数字で示すこと（漢数字や「2千」などの表記は不正解とする）。また、解答がマイナスになる場合には、数字の前に「△」をつけて「△1,000」のように記載すること。

サンプル問題
社会福祉法人経営実務検定試験
解答用紙
経営管理

（令和○年○○月○日施行）

経営管理サンプル問題解答用紙

3

（1）

①	(A)	千円
②	(B)	千円
③	(C)	千円
④	(D)	千円
	a欄	（ プラス ・ マイナス ）
	b欄	（ できる ・ できない ）
⑤		

（2）

4

(問題 1)

（1）	変動費	円
	固定費	円
（2）		個
（3）		円

(問題 2)

	（1） 数値	（2） 視点
流動比率	％	
固定長期適合率	％	

| 人件費率 | ％ | ％ |
| サービス活動収益対経常増減差額比率 | | |

4	

③		
④		
⑤		

3

受験番号	氏名	得点

該当する項目に☑をご記入ください

所属

□ 社会福祉法人役員
□ 社会福祉法人（社協以外）職員
□ 社会福祉協議会職員
□ 金融機関職員

□ 会計事務所職員
□ 公務員
□ 学生
□ 会社員（役員を含む）
□ その他（　　　　　　　　　　　）

◇解答欄には解答以外の記入はしないでください。解答以外の記入がある場合には不正解とします。
◇金額は3位ごとにカンマ「,」を記入してください。3位ごとにカンマ「,」が付されていない場合には不正解とします。
◇検定試験は各級とも1科目100点を満点とし、全科目得点70点以上を合格とします。ただし、各級には不正解とします。
　・各科目とも、設問のうちひとつでも0点の大問がある場合には不合格とします。
◇試験時間は13：30から15：00までの90分です。
◇途中退室は14：00から14：50の間にできます。途中退室された場合は再入室することはできません。
　なお、体調のすぐれない方は試験監督係員に申し出ください。
◇試験開始時間までに、裏表紙の注意事項もお読みください。
◇問題用紙・解答用紙・計算用紙はすべて回収し、返却はいたしません。
◇問題と標準解答を12月○日（月）午後5時に、（一財）総合福祉研究会ホームページで発表します。
◇合否結果は1月中旬ごろにインターネット上のマイページで各自ご確認ください。なお、個別の採点内容や得点等についてはお答えいたしかねますのでご了承ください。
◇合格証書は2月初旬ごろご自宅に発送いたします。

受験番号　　　　　　　氏名

－ 1 －

- （収入）園児数増加により 10,000 千円増加する。

- （人件費）人員が定着すること、作業効率の改善が進むことから人件費が 5,000 千円減少する。

- （その他経費等）事務効率化の成果が表れ 1,000 千円減少する。

- （施設設備整備積立資産支出）3 年目より積立を開始する。施設建設費の自己資金負担額 190,000 千円の 100％を施設建替費用、30％を大規模修繕費用として見積る。それぞれの見積り 金額合計を 3 年目以降 40 年目までの 38 年間において毎年均等額 (A) を積み立てる。

（4 年目以降）

- 4 年目以降は事業が安定すると予想されることから、便宜的に 3 年目の収支と同額とする。

－ 2 －

④ 20年目の運転資金（U）の金額を答えた上で、以下の文章の欄a、bについて通りの語句を選択して解答用紙に〇をつけなさい。

20年目の運転資金（U）の金額がa（プラス・マイナス）となることから、現在の計画では、借入金100,000千円の返済がb（できる・できない）。

⑤ ④の結果を受け、計画の見直しをすることにした。

「20年間平均で毎年3,000千円以上の運転資金を確保する」ことを計画の前提条件に加える。

検討メンバーから、建設費用290,000千円の自己資金割合を増やすことが、新しい事業の資金繰りに余裕をもたらすことになるのではないかと意見が出た。

そこで、現在の借入予定額100,000千円を何千円以下に変更する必要があるか算定し、以下のc〜gより選択して答えなさい。なお、借入予定額と毎年の返済額以外の計画内容に変更はないものとする。

c. 20,000千円　d. 23,000千円　e. 25,000千円　f. 27,000千円　g. 30,000千円

月 30 日までに所轄庁に対して申請を行わなければならない。

サービス活動収益計	1,255,100
人件費	913,500
事業費	156,900
事務費	98,100
減価償却費	105,600
国庫補助金等特別積立金取崩額	△ 33,500
サービス活動費用計	1,240,600
サービス活動増減差額	14,500
受取利息配当金収益	1,350
サービス活動外収益計	1,350
支払利息	2,700
サービス活動外費用計	2,700
経常増減差額	13,150
当期活動増減差額	13,150

ネットスクール出版